滿洲地志

大日本帝國
參謀本部的野望

復刻典藏本

日本參謀本部　原著｜蔡登山　主編

編輯說明：

本書原由日本參謀本部以日文撰寫，經上海商務印書館編譯所翻譯成中文，於一九〇四年出版，並在一九〇七年再版，當時書名為《滿洲地志》。今重新出版後，新增一副書名，作《滿洲地志——大日本帝國參謀本部的野望》。另特請文史專家蔡登山老師擔任主編，執筆撰寫序文，並於重印時將內文按比例放大，增加閱讀之舒適度。而書眉、頁碼、目錄亦為原版所無，係本版新增。特此說明。

序 《滿洲地志》重印說明

文／蔡登山

滿洲通常指今天的遼寧、吉林和黑龍江三省全境，有時會加上內蒙古東北部的地區（即東四盟）和舊熱河省全部範圍。廣義上的滿洲還會包括外滿洲，即外興安嶺以南（包括庫頁島）地區。現在一般使用「東北」、「東北三省」、「東三省」或「關東」等來稱呼滿洲地區的遼寧、吉林和黑龍江這三個省級行政區。

一八九六年，俄國通過《中俄密約》攫取了在滿洲境內修建鐵路的特權，並於一八九八年取得了旅順、大連租借地。這一時期日本也逐漸加強向滿洲的滲透。一九〇四年，爆發日俄戰爭，俄國戰敗，被迫退出南滿。此後日本、俄國和中國三方均加速對滿洲的開發。一九〇七年，清廷裁撤盛京、吉林、黑龍江三將軍，改置奉天、吉林、黑龍江三省，設巡撫，並設東三省總督。日本於一九〇六年成立南滿洲鐵道株式會社，以公司的名義在滿洲實行殖民，並且鼓勵其控制下的朝鮮人向滿洲大量移民。

《滿洲地志》一書是日本參謀本部以日文撰寫的，後經上海商務印書館編譯所翻譯成中文，並於清光緒三十年（一九〇四）出版，而在清光緒三十三年（一九〇七）再版。由全書觀之，日人因思染指這塊土地，因此調查得相當詳細，舉凡地形、地貌、江河、湖泊、島嶼、港灣甚至氣候、風俗、礦產無不粲然備焉。而對於滿州的史略，從古至今的歷史沿革，又逐一陳述，蔚為大觀，可稱得是一部史書。因此《滿洲地誌》一書可說是瞭解、研究今日東北的重要書籍，既是地理的，又是歷史的必備資料。由於該書出版至今已百餘年，但一般圖書館亦極少見，故乃重印之。該書原本並無目錄，今重印時特分出目錄，便於讀者查考。

目錄

005 序 《滿洲地志》重印說明／蔡登山
011 位置
011 山脈
028 江河
047 湖澤
050 海岸
060 島嶼
065 港灣
070 半島
070 氣候
072 物產

080 礦物
083 風俗
095 政體
099 宗教
103 製造
105 貿易
112 區分
118 道路
150 電信
151 都府
171 陸軍
173 八旗練軍
175 勇營
176 史略

日本參謀本部原本

滿洲地志

上海商務印書館印行

滿洲地誌

位置 分界廣袤

滿洲爲中國版圖之最東部。其地成不規之三角形。北緯自三十八度四十分之金州半島旅順岬起至五十三度三十分之黑龍江右岸止。東經自百十七度五十分之呼倫池西北起至百三十五度二十分之黑龍江與烏蘇里江之會合處止。

其分界西接於內外蒙古。東以烏蘇里江及松阿察河興凱湖。界於俄領之沿海州。南以圖們鴨綠二江。界於朝鮮。北以黑龍江。界於俄領之西墨爾州。西北以額爾古納河。界於俄領之後貝加爾州。西南以黃海及渤海濱長城。接於中國本部。其面積凡六萬三千六百六十二方里。方里係日本里今因施政便利起見。以邊牆外蒙古之地合於滿洲疆內。其他如黃海之北部及遼東灣之諸島。皆屬滿洲。

山脈

滿洲全地之山脈。皆起自興安嶺及長白山二大幹。其在黑龍江省內。由西北亘於東南者。爲興安嶺山脈。在吉林盛京兩省內。由東北亢於西南者。爲長白山山脈。又盛京省之西南部山脈。自陰山山脈之東端分支者。謂之松嶺山脈。

興安嶺山脈。爲亞細亞東部之一最大山脈。俄人稱之曰牙布勒諾威。或名斯丹諾威。即中國人所稱之外興安嶺是也。此山脈從北緯四十五度。跨於六十七度之間。東經百零八度。跨於百七十六度之間。蔓延於蒙古及滿洲俄領之後貝加爾亞黑爾亞古德沿海各州。長凡八百里。（八百里係日本里日本每一里約合中國六里餘後倣此）爲注入北冰洋諸河。及屬東太平洋河流之分水界。其方向從東北而西南。西起俄領後貝加爾州。接外蒙古界貝加爾湖及勒那河與黑龍江水域之分界。東北綿亙達於白令海峽。其間支脈繁多。以分諸河水域。其平均之高度。約二千尺至三千尺而達於雪綫。雖然。其中部及東部。則傾斜急峻。乏交通之道路。其谷地且有千古未消之冰田。故凡人跡所往來者。不過在連亙滿洲之支脈。如興安嶺伊勒呼里山與小興安嶺等三處耳。興安嶺者。（中國人謂之內興安嶺）在中國本部直隸省之北。接於陰山山脈。從海喇喀山起。東北走遼河之水源。亢內蒙古之地。至洮爾河之水源。爲索岳爾濟山。山西部。直與沙漠相對。由此入黑龍江之界。分綽爾河與喀爾喀河之水源。成穆克圖爾山。接於雅克嶺。自雅克嶺以北。中國人則總名曰內興安嶺。其山勢爲弓形。嫩江水源。圍繞其間。遂分東興安嶺西興安嶺之稱。

興安嶺在黑龍江之西部。磅礴於嫩江與額爾古納河之間。其北端由伊古克達之地。與伊勒呼里山相連。

伊勒呼里山。東北發一支脈。達於黑龍江右岸。其本脈西北踰黑龍江。入俄領之達瑚爾山脈。其西南接續於什勒喀河（黑龍江之上流）與額爾古納河之間。蜿蜒於後貝加爾州。近外蒙古之境界。有阿土綽倫山。敖嫩河（什勒喀河之上流）之上流。有綽功土山。此山爲興安嶺山脈中之最高峯。俄人以達瑚爾山脈。爲牙布勒諾威山脈之南支。

東興安嶺。在黑龍江省之東。由北亘於東南。充愛琿墨爾根齊齊哈爾等地。較西興安嶺高峻。山嶺較少。且由愛琿通墨爾根道路。頗有高低。其峯頂大抵相類。而河流之澎湃奔馳。亦與東興安嶺南端無異。有著名之噴火山名曰烏雲和爾冬吉。自此而東。爲小興安嶺。

小興安嶺。由東北而西南。踰黑龍江。至卓倫奇河之上流。接道斯哈達。山脈之長。凡百四十里有奇。其均平之高度二千尺至三千尺。伯仲於興安嶺。卽最高峯。亦無過五千尺者。黑龍江流。爲山脈橫斷處。凡四十七八里。其間河身成狹隘之峽谷。江水流過。殊爲激迅。

長白山。磅礴於滿洲南部之地。爲最大山脈。其高峯有一萬尺至一萬一千尺者。四時載雪。險峻之處甚多。從此山脈歧出。成吉林盛京二省形勢。分而爲四。卽小白山完達山長白山千山也。

由長白山東北。蟠結爲平頂山。稍向西北。有儞牙巒哈達。爲小白山山脈。其東北大嶺。爲完達山山脈。小白山者。挺秀於瑚爾哈河於松花江之間。其本脈及支脈。布於吉林三姓甯古塔間。復散漫於西北諸地。幾與平原無異。富於森林。爲滿人移住最宜之地。

完達山山脈。走瑚爾哈河與興凱湖之間。從黑龍江與烏蘇里江會合處。踰黑龍江爲完達山。此山脈之北端。越黑龍江處。便有槲樹之森林覆之。其東部向烏蘇里江諸地。便於殖民者甚多。然至今尚荒漠無人也。

長白山。秀拔於滿洲之南部。南爲朝鮮界。松花鴨綠圖們三江。皆發源於此。西爲黑林嶺吉林哈達諸嶺。從吉林哈達分二支。一名吉林連山。自奉天府北。綿延於吉林之南。其有從東北而西南踰松花江。接小白山者。爲長白山連屬小白山之本脈。其一由西南入於盛京界者。爲千山山脈。

千山山脈。聳立於遼陽州南。支阜分岡。布於海城蓋平復州等地。成爲金州半島。又踰渤海。成登州半島。其盛京省之西半。卽遼河東地所連山嶺。由直隸北之內蒙古。奔於東南。爲陰山山脈之一支。名曰松嶺山脈。其高峯有達四千尺者。

滿洲北部。即黑龍江省各地。此間山脈。中國人統謂之爲內興安嶺。今據俄國地理學家所稱述。分興安嶺伊勒呼里山小興安嶺三部。亦有謂伊勒呼里當合於興安嶺者。至歐洲人所稱之興安嶺。則併本脈及支脈名之。其名悉從中國之舊。中國人則僅指大興安嶺山脈一部而言耳。雖然。其內自有區別。按大淸會典原分二部。在興安嶺墨爾根璦琿呼倫貝爾等城所屬一帶之山脈。雖總稱之爲內興安嶺。然因嫩江水域。左右分流。亦別之曰東興安嶺西興安嶺。其由蒙古之東北。亙於黑龍江水域之北部。則名之曰外興安嶺云。

小興安嶺之名稱。未見於中國地誌。不過爲興安嶺之一支。殆由俄人附會其名耳。惟中國地誌中。曾記道斯哈達山脈。謂在黑龍江城北數十里。爲一大山彙。俄人則稱卓倫奇嶺山脈。以其起於卓倫奇河之源上也。

興安嶺山脈。於內蒙古克西克騰部之西。多倫諾爾之東北。接續陰山山脈。由海喇喀山起。東北走遼河之水源。至阿巴哈納爾部之東南。有默爾哲嶺及阿爾噶靈圖山。又西北爲喀拉坎山。喀拉坎山之東。與阿魯科爾沁部連界。西則亙於浩齊特部界。又北乃蘇克蘇爾山也。其東接於札魯特部界。西連於烏珠穆沁部。此山脈之西部。直傾斜於沙漠。向西有河水注流。瀦爲數小湖。或湮沒於沙地。其從蘇克蘇爾山亙東南之支脈。在太布蘇圖湖與察罕湖之間。爲音爾巴爾山特里野山等。從山脈次第低平。達於斜爾沁部之平原。

由蘇克蘇爾山稍東。爲烏哈納嶺。北走淘爾河之水源。至呼倫貝爾城之南。爲索岳爾濟山。其間山嶺。爲最高峻。西接外蒙古車臣汗部界。南由烏珠穆沁部界。交科爾沁界。清國純皇帝曾登興安嶺曰。杭愛阿爾泰舒右臂。索岳爾濟憑左肩。亦言其高峻也。由索岳爾濟山東。蜿蜒於烏瓏楚爾河。與桂勒爾河之間。爲胡蘇台山。必郎烏山。察巴齊拉庫哈達等諸山。又由索岳爾濟山東北。爲厄伯爾阿魯塔爾穆克圖爾等諸山。爲喀爾喀河與綽爾河之分水嶺。接於雅克嶺。其穆克圖爾山。由西走喀爾喀河與海拉爾河之間。達於呼倫貝爾城之南。

據水道提綱所記載。哈達漢河之南。爲多羅烏哈達。西爲賽漢嶺。其西北數十里爲雅克山。皆極廣大。又曰綽爾河至阿爾他拉奇嶺之東麓。折而東南。隨雅克嶺之南方支阜。逶迤南流。其北岸直於雅克山南岸。達乞兎山。皆連峯相延。綽爾河出此兩山之間。流於平地。由此考之。諸敏雅爾綽爾等各河之分爲水界者。皆從雅克嶺分派於東南支山也。

由雅克山北。總稱爲興安嶺。其山勢由北向於東南爲弓形。嫩江水域。四面圍繞。西則額爾古納河諸支流。與嫩江右岸諸支流。皆發源於此。北亢於瑚瑪爾河之右岸。東於黑龍江與嫩江之左岸爲諸支流之分水界。組織黑龍江省之全地也。

據俄國地理學者所述。興安嶺袤長百六十里有奇。橫凡九十里至百里。富於森林。山嶺、甚爲高峻。其高峯凡五千尺至六千尺。其東西皆傾斜急峻。隨處有斷崖絕壁。否則峯頂尖銳秀拔。一望平原之地甚稀。其形恰如海波奔馳。縱交通往來之路。現時通道僅有三。第一由甘河通於瑚瑪爾河之路。此路爲居住於額爾古納河畔之哈薩克人及通古斯人等所熟知。第二由海拉爾河通於諾敏河之路。此路可行輕車。第三由海拉爾河之一支流通於雅爾河之路。當此路綫。由齊齊哈爾城至呼倫貝爾城設有驛站云。

於此山脈之北半。記列有名之山峯。屬於西興安嶺諸敏河之水源。有勒忒庫勒山。由東南諸敏河與雅爾河之間。有額赫魯爾山。又呼裕爾河與都布庫爾河之間。有查克達里山。屬於東興安嶺哈羅爾河與中科河之間。有烏雲厄哈達山。達巴庫地方之北。有莽買哈達山。墨爾根城之東北。有古甯阿山汪安山等。

伊勒呼遠山脈。爲西興安嶺之西北部。起於伊古克達之地。北走瑚瑪爾河與額爾古納河之水源。達於什勒喀河與額爾古納河之會合處。其支脈走額穆爾河旁烏河等之間。充黑龍江之右岸。此山脈若與安嶺有高峻之山嶺。森林鬱茂。野獸繁殖。爲達瑚爾人及鄂魯春人之獵場。并有一路可通璦琿城。蓋此山脈探討者不少。其形勢尚未報告於世上耳。且中國地誌附各山嶺之名稱者。惟以伊勒呼里爲總稱云。

伊勒呼里山脈之北端。由西踰額爾古納河。入於俄嶺。俄人稱爲達瑚爾山脈。考此名稱之所由起。因額爾古納河及什勒喀河之地。在黑龍江及嫩江上流之水域。概爲達瑚爾人所棲息。故有此名。俄人嘗指黑龍江省爲達瑚爾亞。意亦如是。俄人以達瑚爾山脈爲牙布勒諾威山脈之南支。此山脈蜿蜒於後貝加爾州尼布楚地方。其方向由西南而東北。分爲二派。一布於額爾古納河與什勒喀河合流之處。由西南噶齊墨爾河與什勒喀河爲分水界。一在噶齊墨爾河與額爾古納河之西南。走克魯倫河及敖嫩河之上流。爲阿土綽倫山。秀拔於外蒙古與俄嶺之境界。踰敖嫩河之上流。爲綽功土山。入外蒙古界。接於肯特山。其綽功土山有八千二百五十九尺。占興安嶺山脈中第一之高度。

小興安嶺之名。爲俄人所附會。中國舊稱曰東興安嶺。此山脈自北緯四十八度至五十四度。其長凡百六十八里有奇。其方向由東北而西南。高度平均凡二千尺至三千尺。峯之高者由四千尺至五千尺。以達於雪綫山嶺在俄嶺之亞墨爾州。踰黑龍江。從黑龍江左岸卓倫奇河與庫魯河及阿穆功河之上流。綿亙至滿洲界內。其於俄領部分。雖草木暢茂。而峯巒突兀。橫斷黑龍江凡三十四五里。烏伊河卽於此部內會合。其山脈傾斜。左岸急峻。右岸緩漫。河海壓迫。成爲極狹隘之谿谷。

滿洲界內之小興安嶺。二脈駢行。尙從東南而西北。南由松花江之左岸。北至黑龍江之右岸。西達嫩江之左岸。黑龍江省之東南部。卽瑷琿墨爾根各城之交錯地也。其廣二十五里至四十里之間。富於森林茂草。樹少細葉而多闊葉類。其屬此山脈之大山嶺。則爲黑龍江與呑河間之佛思亭山及喀木尼山。從呑河之源而西。爲呼蘭河水源。稱呑爾窩集。樹林森鬱。水量最富。且黑龍江右岸之支流。爲遜河科爾芬河烏伊等河之分水界。又伊椿河之南。有察哈爾庫山山脈。西端接於嫩江。有烏雲和爾冬吉山山之北。爲遜河南源。與占河嫩江之左支流。卽納默爾河和羅河等發源處也。成爲庫穆爾窩集。接於西興安嶺。

烏雲和爾冬吉山。乃著名之噴火山也。其地當納納穆爾河畔。去墨爾根城東南凡六里。地勢彷彿意大利國那不爾之富列苦里原野。當康熙六十年夏。忽噴火焰。日夜鳴動。其轟聲達於七里至十里。噴出之石片硫磺。近傍積成一山。噴火之初。周圍凡四五里間。火氣蒸熱異常。從他山之巔眺之。其景況了然皆明。約經一年。其噴出之勢。漸次消滅。自後不聞復噴矣。

據俄人威尼古氏之所考察。凡噴火山。多在於一般大湖沼及近海岸地。其地東距日本海凡二百五十里。北距貝加爾湖凡三百里。忽爾噴火。可謂怪矣。然聞之土人。於此噴火地方。凡四五里周圍有湖水云。乃現時嫩江水域之東部。合數小湖之散流者。蓋昔時包括嫩江水域。足證其地爲大湖沼云。

組織吉林省之全地山脈者。皆係長白山之分支也。據俄人威尼古氏之說曰。松花鴨綠圖們三江之源。實近長白山至高之峯頂。但現時報告。則三江水源。在特別高峻尖峯。其峯頂爲平坦高原。中央有湖水。今以吾人所探討長白山之數高峯。其果達於雪綫否耶。甚難明證。又據英國學士維廉孫所記。長白山之高峯。爲一萬尺至一萬二千尺。四時載雪。又大清一統志。於康熙十七年及二十三年。曾遣大臣登長白山。視其形勢。其山巔爲圓形。積雪皚然。及涉其上。五峯環峙如城。南一峯稍下如門。其中有潭。周圍凡一里。山之四周。百泉奔注。卽三大江之所發源也。

就中國地圖考之。長白之所以稱。爲在山嶺中最高也。發三江之源。畫朝鮮國之界。在朝鮮爲白頭山。又曰白山。中國古名太白山。亦名白山。遼志及金史。始稱長白山。因其四時載雪。故以長白稱之。長白山之高度。達於雪綫與否。尚難確定。然於興安嶺高峯之中。當無不及雪綫之理。且此山脈。以數百年之森林覆之。山脈北端。由吉林通於甯古塔。道路綿亙。及於滿洲南部。實爲最大山彙。磅礴吉林盛京兩省之地。而爲其地之首幹。

長白山盤結於吉林省之南部。滿洲語謂歌爾敏商堅阿鄰（一作果勒敏珊延）云。東北分爲數幹。走圖們江源於松花江北源之間。爲黑山嶺。南入朝鮮國界。爲甑山。西經鴨綠江與松花江南源之間。接於費德里山。其西乃長白山之西脈。費德里山。亦爲高大山彙。其周圍凡六十里。而於南北發出二支。其北佛思亨山。走圖們江與松花江之間。其南帽兒山。界鴨綠江與佟佳江之水域。而達於兩江合流之處。帽兒山頗有樹林。運至直隸地方之木材。多取於此。費德里山。西北爲佟佳江之發源。伊爾哈雅範山及黑林嶺。繞圖們江之水源。與吉林哈達。西南達於歌爾敏朱墩嶺。哈達。滿洲語謂山也。

大清一統志云。長白山之南支。蜿蜒磅礴。分爲兩幹。其西南界於鴨綠江。西界於佟佳江。兩江會於山之盡處。由西亙北。凡數十里。以其爲衆水所分之地。舊志總稱爲分水嶺。西至興京。茂樹深林。蔽天翳日。土人呼爲納綠窩集。由此西入。爲敵雲山。北有一阜。袤十里餘。爲歌爾敏朱墩嶺。復西入英額嶺邊門。爲天柱隆業二山。因其地勢迴旋盤曲。故有是名。其山嶺不一。要皆此山支裔也。

按俄人所製地圖。由奉天府北。東北達於吉林城近傍。乃爲吉林山脈。或謂吉林連山。其於長白山西脈中。以吉林哈達起。其指名吉林山脈者。蓋取東北及西南之方向也。分界於遼河及松花江之水域。由吉林哈達而東。爲土門河與哈達河及渾河之分水嶺。而歌爾敏朱墩嶺哈達山等諸山。皆盤結於興京東北。其北爲朱家莽喀嶺薩哈亮山等。由胖色城之北。達於圍場之地。自此東北。所尤母阿鄰山庫勒嶺馬煙嶺等。爲土門河之左支流與赫爾蘇河伊通河等之分水界。由吉林城南。踰松花江。接於小白山山脈之庫達山。由哈達山而西。分成二脈。一走赫爾蘇河與哈達河之間。一蟠於哈達河與渾河之間。充開原鐵嶺奉天各府縣之地。而達於遼河左岸。

俄人論此山脈。謂吉林連山。與長白山駢行。占吉林城之近傍。於松花江爲一横絕山脈。其至松花江與瑚爾哈河之間。改稱小白山。又由吉林蜿蜒於奉天之間。其山脈果屬小白山西南分出與否。未能確定。然就松花江之河式視之。於吉林城之上流及下流地方。

因兩岸山嘴迫來。河流忽而狹隘。至松花江左岸之山脈則不甚高。故奉天通吉林之道路。皆在此山脈中間。且踰北流之數小川云。

據水道提綱云。吉林哈達。在興京之東北。凡二十五里。英額城之東南凡八里。其山高峻綿亘。自長白山西至費德里山。折而西北。爲佟佳江源之山。又西爲黑林嶺。又西爲吉林哈達。其間連峯不斷。又云。土門河之西源古滯河。發源於英額城。東南數里至歌爾敏朱墩嶺。經胖色城東南。過朱爾莽喀嶺之北麓薩哈亮山之南麓。又云。自庫勒嶺北。連峯不斷者。爲薩龍嶺。又北爲代什蘭哈達。又北爲商尖哈達。又北始有沙漠。

據以上諸說考察。則吉林連山。自土門河之水源奔於東西。東則連接於小白山山脈。自吉林城之南至巴顏俄佛洛邊門。約在北緯四十三度四十四度之間。松花江流過此山脈之谿谷。或將山脈截斷。然見水道提綱所記。馬煙嶺之北。亦有小白山。距吉林城之南凡八里云。其在松花江兩岸而有此名者。則其山脈連絡於小白山。亦足爲一證也。

小白山山脈。自長白山東北幹之平頂山起。其方向由西北至東南。爲松花江右支流及瑚爾哈河右支流之分界。自平頂山西北。分瑚爾哈河之一源勒爾成河。及松花江支流瑚爾哈河之水源。爲儞牙巒哈達。至額多力城之西。爲色齊窩集。推屯河之發源。則在小白山。而成一大盤結。瑪延海瀾拉發等諸河之源。皆發於此。

據大淸一統志。小白山在甯古塔之西北。凡六十餘里。峯巒重疊。巖岫嶔巇。冰雪至夏不消。自小白山發數派之支脈。北走於瑚爾哈河及瑪顏河之間者。爲米占、海瀾、富達米、薩爾布、書蘭、阿木蘭、昂巴等各窩集。此各窩集。（窩集者即山林之稱也）爲與窩集同名之諸川所發源處。皆注於瑚爾哈河。此地有自古未受斧斤之大森林。以松樹爲最多。或稱松林。其充於察巴拉河匪克圖河之間者。爲馬宴窩集。綿延於西北阿勒楚喀河及拉林河之間者。爲活龍窩集。及磨稜梭答庫諸山。其西南拉林河發源處。爲拉林山。與那穆窩集嶺康達山等。由吉林城之南。踰松花江。接續於吉林連山之小白山。

據俄人威尼古氏之所述。小白山山脈。發源於松花江右岸之支流與瑚爾哈河左岸之支流。其本脈及支脈。充斥兩河之中。徐徐由北而西。傾斜之勢甚緩。而此山脈之峯頂。高峻不一。皆有美蔭之森林覆之。其谿谷之間。亦多小林茂草。蓋小白山位置。本占滿洲中央。開化最先。今後中國本部移住之民。將自松花江左岸。蕃衍於小興安嶺之南部也。至屬此山脈之道路。由吉林達於甯古塔者。須超過小白山與長白山山脈所連續之岡阜。又由伯都訥通三姓道路。殆皆平坦。

完達山山脈。起於噶哈里河所發源之一大嶺。卽興安嶺也。在黑龍江省界內。自長白山東北。凡三十里餘。爲黑山。卽圖們江支流之海瀾河所發源處。黑山之北。爲平頂山。由此分爲兩幹。西北爲偏牙巒哈達。東北爲英額嶺。英額河卽發源於此。由活渾山馬爾胡里嶺。接續於大嶺。此間山嶺皆長白山之東北幹。連亙綿延。分畫松花圖們瑚爾哈等各大河之水源。爲滿洲西南部之一大分水嶺。又從此嶺東南經綏芬河域。入俄羅斯界。其東走海岸之山脈。稱爲錫赫特山。其山脈不甚高大。然嶮峻特甚。其枕海岸處。多斷崖懸絕者。

完達山山脈之方向。由西南而東北。走瑚爾哈河與興凱湖之間。達於黑龍江與烏蘇里江之會合處。此間大小山嶺。在甯古塔城之東。爲瑚爾哈河右支流之水源者。卽塔克通克、商尖必拉、寒花蘭、躧黑、忒林之各窩集也。此各窩集。皆富於森林。有松槲之大樹林。又五河嶺爲穆稜河之發源。繞其左岸爲簝庫蘭嶺。接於完達山東北。充諾羅河右岸之地。爲納丹哈達拉山。走其左岸之地。爲鄂爾和拉山。終踰黑龍江與烏蘇里江合流之處。連俄領之完達山。其名爲完達山者有二。一秀拔於穆稜河之北。一在黑龍江之北庫魯河及卓倫奇河之間。綿亙東西方向之山嶺也。

完達山脈。亦與他山山脈相似。富於森林。其北端傾斜之勢甚緩。覆以槲樹林。南端森林尤多。枕黑龍江之水岸。共有二處。巉巖危立。江流激衝。山嶺甚爲險峻。其屬於松花江之水域。爲窩肯河與烏蘇里江之支流。在諾羅河之間。有一徑路。此外如都滿河與齊爾欽河之間。沿穆稜河之上流及錫布庫里河與綏芬河等之上流。皆有徑路。且爲經過甚易之坦道也。

盛京省之山脈。其長白山之西南一幹。結成金州半島。踰黃海爲登州半島。此山脈或曰千山。或稱遼東嶺。其遼河水域之西部。地皆低平。卽奉天平野是也。

千山山脈。位置跨盛京吉林兩省境界。起長嶺子。(有謂歇爾敏朱墩嶺)北接於庫爾諾窩集。南接於納爾窩集。長嶺子者。乃長白山南幹之一嶺。綿亙至此。爲諸河之分水嶺。而秀拔於興京之北者也。由此而南。奔於渾河佟佳江之間。至甜子堡之北。爲摩天嶺。其距遼陽州南凡十里者。奇峯疊聳。峭壁嵯峨。逶迤而西。盤錯於遼陽海城蓋平各州縣。爲注入於黃海北岸及遼東灣諸河之發源地。

據大清一統志。於此地稱分水嶺者四。一鐵嶺縣之東南三十里。有少貝河柴河之發源地。二鳳凰城之西北二十里。有響水河通遠堡河之發源地。三蓋平縣之東十三里。有名東分水嶺者。綿亙斷絕。東南入於蓋平縣境。四海城縣之東南十五里。有名南分水嶺者。是卽於此山脈方向中最著之山嶺也。

摘記山東通誌。其記載千山山脈所起之處。亦足以見形勢。淸世祖曰。論古今九州之山脈。以華山爲虎。泰山爲龍。地理家亦僅以泰山特起東方。張左右翼爲保障云。未嘗根究泰山之龍。發脈何處。朕細考形勢。深究地脈。曾遣人航海。使量泰山。知其發脈。實在長白。長白山綿亙於吉林省之南。周山四面。百泉奔注。爲松花圖們鴨綠三大江之源。其南麓分爲二幹。一幹西南走。東至鴨綠江。西至佟佳江。大抵朝鮮諸山。皆其支裔也。一幹西北至納綠窩集。復分二支。北支至盛京。爲天柱隆業二山。西折爲醫巫閭山。西支至興京。爲啟運山。復蜿蜒爲千山。磅礴起頓。巒嶺重疊。至金州旅順口之鐵山。龍脊時伏時現。而海中之城隍鼉磯諸島。皆所發露。迨至山東。結成登州之福山丹崖山。海中伏龍。於是起陸。遂西南行百三十餘里。結爲泰山。穹崇盤屈。爲五嶽之首。此古今未曾道及。故有以海界爲疑。然形理固確然可據也。夫山勢聯屬。譬之曰龍。以形氣無不到。如今風水家有過峽界水之說耳。渤海乃泰山之大過峽。彼地理家之說曰。傳於江。放於海。則長白山之龍。其放於海而爲泰山固宜。今以泰山體位證之。向於西南。背於東北。若謂由函谷來。則泰山之龍。豈西來而反西面者耶。是又理之易明者也。按脈以尋表裏。以泰脈爲本。以左右翼衛爲支。次第詳述如左。泰山之脈。由遼東之旅順口。渡海爲南北隍城、大小欽、鼉磯、高山、長山等諸島。登陸入於蓬萊縣境。以棲霞縣之翠屏山爲左翼。至芝罘口。爲芝罘山。以棲霞縣之呑山爲右翼。西北至黃河營之海口。爲海屺島。其中正脈居於東北。達於西南云。由是觀之。中國古今研究地理學術。雖頗乏人。然所記載。亦大概與歐洲不甚相遠。就其實地。可知其探討之不誤也。

松嶺蜿蜒於遼河水域之西。連於黃海之濱岸。爲山嶺之總稱。從陰山東部起。其支脈在直隸北部內蒙古之地。爲海喇喀山。從東南分支。或稱七老圖山脈。於平泉州建昌縣及承德府界內。爲老哈河大凌河灤河等之分水界。由大衍卯金諸嶺。入盛京省界內。舉其山岳之高峻者。在山海關與甯遠州之間。有松嶺。在甯遠州與大凌河之間。有紅羅山乾柴嶺、十三山等。在凌河東。有牽馬嶺醫巫閭山。此峯嶺中。或高四千尺至五千尺。然其山趾。直臨海濱。非爲巖礁。沿岸遙距。處處爲谿壑地。惟大凌河以東。則全爲平坦海岸也。

江河

滿洲全部之水域。區分爲黑龍江松花江遼河三部。又有鴨綠圖們二江。爲朝鮮之國界。

有遼河為條約港。滿洲北部及中部（即黑龍江吉林二省）之河流。大概總匯於黑龍江之下流。雖然。由其上流烏斯奇斯圖列爾喀以下。至於松花江會合處。為大股支流者。在黑龍江左岸。多從外興安嶺發源。其右岸注入滿洲疆內之河流。則以額爾古納瑚瑪爾二河為大。屬黑龍江之水域。祗在於滿洲北部黑龍江省內。流域占三分之一。然黑龍江為清俄兩國之界線。其所關係。尤為重大。至若松花江在滿洲全部。凡占三分之二。從東西內興安嶺所發之河流。總入於松花江之北派為嫩江。在此水域中。有墨爾根齊齊哈爾呼蘭等之市城。其南派即松花江之本流。發於長白之東北幹。西北納嫩江。折而東流。合於黑龍江。其支流如瑚爾哈河為最大。發於長白山之北幹。北流灌於吉林省之中央吉林三姓甯古塔等之市城。皆瀕其本流及支流。以此謂滿洲北部中部之水域皆屬松花江者可也。咸豐末年。因訂北京條約。以黑龍江下流之地。割於俄國。海口要隘。遽被占斷。於松花江之通運。大失利益。於是占滿洲通海之便者。僅遼河與鴨綠江二處耳。

黑龍江者。為亞細亞之一大江。其源流有二。一自發於俄領後貝加爾州綽功土山北之因戈達河。一自發於外蒙古北部肯特山之敖嫩河。此二河合而為什勒喀河。即黑龍江之上流。故俄人以因戈達河為黑龍江源。而中國人則以敖嫩河為黑龍江源也。

因戈達河發源於綽功土山之北。至於俄領後貝加爾州之首府智多。乃向東北流。會於敖嫩河。爲什勒喀河。其智多府位置於智多河與因戈達河之會合處。有人口一千五百。因戈達河從智多府以下。廣凡百二十尺至二百尺。急湍奔流。堆積砂石於河中。河岸屹立。巖石突出於水流。岸旁樹林繁茂。而林下生秀美之蕨。浮小舟及筏。可航行於智多府。然水淺而湍急。航行亦非易易也。

敖嫩河之源。則發於外蒙古喀爾喀界內。肯特山西。支忒勒爾几嶺西北。小肯特山之東麓。土人呼小肯特山爲阿卽格肯特山。山南爲外蒙古喀爾喀地。山北爲俄領。從發源處東北曲流。入於俄領之後貝加爾州。納小支流甚多。更東北會於因戈達河。而爲什勒喀河。

敖嫩河之沿岸。處處有大森林。以松樹最多。此森林甚深闊。亙於數丁處不尠。沿河流至東方。樹木稀疎。尙屈曲折而東北。至盡樹林之處。其流亦不甚著。以其經花剛石壓迫水流。會於什勒喀河。所至之地。河身尤狹。但兩岸有樹木。連於灌木散生之曠原。

什勒喀河。卽黑龍江之上流。因因戈達河與敖嫩河合流而稱之。水道提綱無什勒喀河之名。因兩河合流。卽爲黑龍江。

什勒喀河之上流多急湍及洲嶼。而得通舟。其左岸邱山隆起。叢生柳樹。右岸低地多沮洳。其左支流爲尼布楚河。經過佳良森林之低地。自北入於什勒喀河。

尼布楚府。在尼布楚河左岸。北緯五十一度五十八分。東經百十六度四十分之處。距河口約一里餘。初殖民於什勒喀。河岸以河水屢溢。蒙其害者不少。現移民於尼布楚府。康熙二十八年卽西歷千六百八十九年清俄兩國訂黑龍江劃界條約於此處。按卽尼布楚條約爲歷史上有關係之地。人口凡五千人。貿易商業亦最盛。

什勒喀河之南岸。有礦物製造所。出銀及鉛。又什勒金斯科有製革所。至於此處可通小舟。然稍大之舟。則膠於河底不能通。又喀拉河之會處。有金礦。此處甚狹隘。兩岸石炭質之邱陵峙立。樹木鬱蒼。

什勒喀河。由格爾必齊村。至於烏斯奇斯圖列爾喀。凡五十八海里之間。更無村落。山上叢生細葉之樹。山勢迫於河岸。僅爲一帶卑溼之地耳。其注入北岸最末之支流。曰珠爾多哈。其河岸自此以下。稍現變遷之形狀。於烏斯奇斯圖列爾喀戍衛所近傍。北緯五十三度零二十分。東經百二十一度三十分之處。合於額爾古納河。由此以下爲黑龍江。俄稱爲阿穆爾云。

額爾古納河。發於外蒙古喀爾喀界內之肯特山。由克魯倫河及貝爾池來。匯於鄂爾順河等之呼倫地。北流爲清俄疆界。左岸有托羅海城。又東北流。其右岸納和倫坷漠里爾肯河等。左岸納烏羅布河噶齊穆爾河等。東會於什勒喀河。

黑龍江爲額爾古納與什勒喀河合流之名。由此以下。左岸爲俄領。右岸爲中國領。其額爾古納河合處。有長洲。青草繁茂。灌木雜生其間。岸上之山亦高峻。而多葉類及薔薇類之樹生其上。以巖崖迫於黑龍江。由烏斯奇斯列爾喀。至於瑚瑪爾河合流之處。凡三百二十海里餘。於此沿岸。有二種之通古斯人。謂之爲鄂魯春及瑪涅克爾。而左岸諸山。漸遠江岸。其間爲廣闊之平地。生多葉類之樹木。右岸之山。其險峻巖崖。沿江岸屈曲爲溪谷。由是發數多之河流。其山嶺高峻。距江岸次第而遠。連接於曠野。江流漸分派而爲洲嶼。其近岸則沙磧。其餘諸地則草木鬱蒼叢生也。

從黑龍江左岸之烏爾吉河以下。江身漸廣。然兩岸形狀。已變固有之性質。右岸爲山質。左岸爲低地。至雅克薩兵村之旁。江水之分派尤多。其間洲嶼。遍生青草。兩岸之山相隔。而多分歧。雅克薩在清俄史上。爲有關係之地。其右岸則額穆爾河來會。水流甚急。魚類頗多。

由此以下春水漲溢之際。其洲嶼沒於水中。崩壞者多。喬木亦沒於水中。有爲水流所積。突出於水面者。土人呼之曰巴爾西。此巴爾西於江中甚多。黑龍江有此形狀。實異其他之河流也。左岸之俄爾幾那兵村以下。兩岸又爲山嶺。山上松木繁茂。其右岸處處爲谿谷。從此江流又廣。其左岸之阿諾索挖、古里錯挖、烏沙古挖三兵村。三十八海里之間。江面尤廣。其間於左岸則低地延長。見有林木。右岸則尚帶山質。水崖甚高。至烏沙古挖兵村以下。則兩岸皆爲低地。江中青嶼浮出。點綴水面。然至於瑚瑪爾兵村。江岸又爲山質。峻崖直枕江流。植物甚少。其從右岸注入者爲瑚瑪爾河。河畔多瑪湼克爾人。

左岸哈薩克維奇兵村以下。江流向西屈曲。兩岸共爲峻崖。又轉東南。次乃流向北方。其狀恰如結繩。其所結合。不過一海里半至二海里。與哥爾薩古挖兵村相對。此兩兵村間。直徑不過一海里半。然沿其屈曲。則至有十四海里也。

其未至左岸之額喀的里諾兵村處。黑龍江之流域甚廣。至右岸巖崖已絕處。江面尤覺其廣。因是黑龍江之風景絕佳。青嶼沙洲。散布於江心。過一嶼則又有一嶼浮於水上。交互併列。恰如翠鳥之羣翔於碧空。其過最後之一嶼。則碧天接水。目極兩岸之曠野。尤覺快心。由上流至此。凡五百海里之間。兩岸巖崖挾住江流。且有諸洲嶼遮蔽眺望。過此至精奇里河口。則皆黑龍江平地。兩岸之山。距江岸甚遠也。
從伯拉照夫琛斯克府以下。黑龍江岸之風景。稍有可慰心者。雖樹木全絕。帶沙漠之形狀。但在左岸爲甚耳。左岸爲合於精奇里河之黑龍江處。沙積實多。其精奇里河口之廣闊。二倍黑龍江。植物甚稀。不過矮小之灌木。然近於右岸。黑龍江城風景。漸爲爽豁。此城去伯拉照夫琛斯克府二十五海里。又此府對岸有薩哈連烏喇及其他之村落。於左岸俄領之兵村。隔十八海里及二十海里而配置。卓倫奇河由左岸之平原注入黑龍江。其河之大。可屈一指。其河口之廣。稍讓於精奇里河。而河口兩岸樹木繁茂。爲鄂露春人之獵場。又爲一種鄂露春人名必拉爾之種族所居住也。
距伯拉照夫琛斯克府凡百四十海里。至於卓倫奇河口之斯古伯里琛兵村。江岸已無低地。風景漸佳。接近於小興安嶺。距哈薩吉那兵村十海里。左岸有哈拉河來注。此河與卓倫奇河。同發於斯丹諾威山嶺。二河之相距。不過七里。至此右岸。初見小興安嶺之一支突出。山上綠樹繁茂。自此上流凡二百五十海里之間。均屬低地。風景索寞。及入小興安之間。則足慰心目。然左岸尚爲低地。此於右岸。恍如矮人與巨人對也。近按於左岸。則有數嶼。水道驟爲狹隘。而小興安嶺分數多之小嶺於本脈。直迫河岸。爲嶮峻之巖崖。

左岸之巴錫挖兵村。在黑龍江水下流。小興安嶺之谷地。幽然在風景中也。較之黑龍江岸兵村中。此村最多人民。殊連九丁餘。近接此兵村。爲小興安嶺一支。盤延屈曲。過巴錫固挖兵村。卽黑龍江全爲小興嶺之壓榨處。其廣不過四丁餘。故江水在山峽之間。流勢迅急。深三十尺至三十五尺。出峽則山勢緩漫。江身漸廣。兩岸有狹小之平地。樹木甚繁。峽之前後。有各洲嶼。近接左岸至小興安嶺支脈之各峯巒。其形如圓錐。直相連接。達於內地。（日本一丁約三十六丈）

小興安嶺。過左岸之伯里喀爾伯挖兵村以下二海里半。嶮峻之勢漸衰。與黑龍江離隔。退走滿洲內地。至此似無嶺脈。自額喀的里納尼古里斯克兵村兩岸。爲小興安嶺連綿之山脈。遠走於內地。由是以下。爲黑龍江兩岸之曠野。江身擴張。達於十丁餘。此近傍爲瓦爾喀人居住。由古挖樹尼那兵村。於二十海里之下流。合於松花江。

松花江與黑龍江爲直角之形。以其水量亦不讓於黑龍江。滿洲人謂黑龍江注入於松花江。而黑龍江與松花江合。則江身廣大。其平衍長延之洲嶼。露出於江心。分流甚多。其中有可爲航路者。由兩江之會合點。於十海里之左岸。有的珠涅挖兵村。在俄領兵村中。此村位置最南。由此黑龍江漸向於北。至於尼古來斯克府。又變其方向。

從斯的巴諾挖兵村以下之黑龍江。其水流瀰漫。狀如湖澤。前後皆有島嶼。一望鬱蒼。恰如陸地。而不可辨其涯際。黑龍江之形狀。時常不同。每五十海里。其性質卽變矣。

諾歌羅德斯喀牙配置於黑龍江之左岸。爲兵村之最後者。其哈巴羅夫喀府以下兩岸。總屬於俄領。哈巴羅夫喀府距伯拉照夫琛斯克府四百六十海里。距尼古來斯克府。殆亦如之。

烏蘇里江分二派。合於黑龍江。其第一派在距左岸之士巴斯喀牙兵村不遠之地合流。第二派卽本流。在距士巴斯喀牙兵村二十海里之下流會合。此兩派間有平衍之沙島極大。然其質總爲荒廢之沙石也。

黑龍江與烏蘇里江合。直轉其方向。幾爲矩形。其狀恰如迫壓於烏蘇里江之急流使然。而烏蘇里江之碧流。遂與黑龍江之黃流相混。

黑龍江從烏蘇里江口以下。江身擴張。其兩岸旁皆曠野。入於森林。帶山質者甚稀。洲嶼之多。猶如上流。而其洲嶼比上流更大。從此下流。時來暴風。激怒波濤。恰與海中無異也。從哈巴羅夫喀下五十里。兩岸高山連亙。山峯尖銳。迫於深林隱蔽之數河岸。其洲嶼植物稀疎。大半成沙磧。且波濤之激崩壞其周岸。江岸及江心見有一定之形狀。其痕跡之著者。在歌里斯喀牙兵村之前。其長有一里半餘者。今全沒於水中矣。

黑龍江之下流部。總帶荒涼之風景。右岸則松林鬱蒼。至於下流。逐漸連於高地。然不甚多。若樺及落葉松。則密殖於沿岸之地。綠葉相連。蒼色闇然。

黑龍江屈折於北方。其下流兩岸。已略有近寒帶地方之風色矣。

在索賚斯克近傍。右方之分流。向奇集湖屈曲。而左方之分流。由右方之分流於厤林斯克下流二十五海里處。與右方之分派合流。至於此處。支流溝渠。縱橫交錯。殆爲蛛網之形狀。其地勢甚低。廣亙四五海里。若合奇集湖時。黑龍江水之廣。可及十餘海里。奇集湖於春夏二季。有黑龍江之水流。充溢湖中。其水之深。有時達二十五尺。於此時雖汽船亦可航行於湖中也。

厤林斯克近傍之地。以有一般沼澤之性質。將來農業。可期隆盛。黑龍江至此接近韃靼海峽。江流連續奇集湖與的克士德里灣中間之地。凡不過五里。

據俄人某之說。由厤林斯克之下流。阿穆功河與黑龍江會。貫流至錫赫特山脈處。其地形往古爲一大湖水。歷歲既久。湖水漸漸消減。或穿山岳注入於海。其一部分。實爲蒸發而乾涸者。若此凹地之變化。於阿美利加洲之老連吉河。及必列那河。可實見之。此說蓋以右岸之奇吉湖。喀大湖。伊俄梅湖。左岸之宇士伊里湖等。皆可爲確證也。

黑龍江之下流地。卽厤林斯克及尼古來斯克府之間。於全河流有失其本質之狀。波濤時起。恰如海洋。煙霧四塞。天氣同海上之徵候。故海魚之類。嘗至都伊爾及厤林斯克近傍遊泳也。黑龍江自都伊爾之高崖。屈曲而流。勢甚迅捷。其深達於三百尺。

黑龍江由多巴布兵村。向於東方流下。此地半年常多暴風。巽雲覆天。空中溟濛。不能見物。又暴烈海風。時吹江上。掀波湧浪。水煙濛濛。充塞兩岸。其河流中央有長大島。名公士坦丁諾布爾斯克。沿此島之方位。有同名之礮臺。可遙望於尼古來斯克府。黑龍江距此都府數里。過北方之的巴布岬。與南方之布倫克岬間。對薩哈連島。入於韃靼海峽。其兩岸地勢皆高。樹木繁茂。江口沙洲甚多。航行尤危險也。

論黑龍江之水源。上部至烏斯奇斯德列爾喀。中部至烏蘇里江。下部至其江口。長凡千五百海里。變其性質者三次。上流部與因戈達河什勒喀河之河岸同其狀。其地爲興安嶺支山所蟠旋。便於殖民之地殊少。諸山大槩迫於江岸。時或駢行。徑距江岸不遠。而山嶺與江岸駢行時。稀平衍之地。卽有之。亦甚狹隘。其注入之支流。皆溪洞小河。殊少大水。且其河岸村落甚稀。自格爾必齊河。至於烏斯奇斯德列爾喀之間。村落絕無。細葉類之樹木繁茂。而山勢迫於河岸。皆一帶低地也。

自烏斯奇斯德列爾喀。至於瑚瑪爾河口。之距離。過三百五十海里。自必必古挖兵村以下。達於烏蘇里江之注入處。凡四百九十海里。此里數中。流於曠野地。約四百十海里。橫斷小興安嶺之部分。則八十海里餘。

注入於黑龍江諸河。此其中流部之上流部爲長大。富於水量。且數亦多。此部分樹林甚少。雖小興安嶺之間。槲胡桃黑樺等樹木繁茂。而小興安嶺以下。黑龍江又流於空漠之野。至松花江及烏蘇里江間。其黑龍江畔地。最爲良美。松花江及精奇里河口。其距離甚廣。滿洲人居住甚多。且自昔時之中國流配人。已成爲殖民地矣。

黑龍江下流部之形狀。初五十海里之間。江流出於空野。入於林地。急折向北方。次向東北流。洲嶼駢列。江岸叢生細葉類樹。大澤亘浸。散布於河岸。

記黑龍江名稱各異者。俄人稱阿穆爾。則指什勒喀河與額爾古納河之會合處下也。中國人則稱松花江以下爲混同江。滿洲人則稱爲薩哈連烏拉。據中國及滿洲人所思維。以黑龍江混同江卽松花江之支流。以其河流方向既正。水量又多也。又居於黑龍江上流之鄂魯春人。及瑪涅克爾人。則呼爲什勒喀。居於中流之瓦爾喀人。則呼爲滿可賚牙喀人。則呼爲摩穆。

黑龍江至冬日。顯出奇異之狀。江面結冰甚厚。而兩岸溪水流出冰面者。亦終結爲冰。冰層之厚。殆欲三倍之。於是地底之溫泉。冰底之蒸發氣。以無所發洩。上淩冰層。冰面遂生凸處。高低不平。又以溫泉及蒸發氣能使冰層融解。故江岸灌木叢生處。雖至冬季。亦未嘗見有堅冰。如此以使冰解者黑龍江中尤多。若溫泉溫度不高。所結之冰。融解甚薄。有時覆以降雪。橇行者不能識。屢誤陷之。

松花江爲滿洲中部之大江。於吉林省東北部。合於黑龍江。灌漑滿洲北部及中部之地。甚多屈曲。其上流二派。北派名嫩江。南派爲松花江之本流。

松花江（一名混同江滿洲語名松嘎里烏喇）有數源。皆發於長白山之北支。鴨綠江源之北。有大小圖拉庫河合而北流。又與和通集河會而西北流。爲其東源。其南源名額赫諸因河。與東源僅隔一岡。合三音諸因河而北流。與東源合。二源既合。北流至托那兒渾河合流處。土人稱曰松嘎里烏喇。又在盛京吉林兩省之交界。與從吉林哈達所發之土門河會。水量更加。向西北流。自合馬煙河處。流下四十海里。至吉林府城南。繞其東北。此處河身之闊。凡六丁（每丁約中國三百六十尺）餘。而河水汪洋甚廣也。

吉林府當春夏之交。中國船裝卸貨物尤多。爲松花江之一大碼頭。俗稱船廠。同治四年。祕魯國之汽船。泝黑龍江而來泊於此。據云。此河由吉林府北。向西北流。過金珠鄂佛羅驛之西北。又經打牲烏喇城之西。出巴顏俄佛洛邊門。經他額照驛之南。合於伊通河。又過伯都訥廳之南而北。又稍東北。至北緯四十五度三十五分。東經百二十四度五十二分。而會於嫩江發源處。至此凡四百六十海里。嫩江爲松花江之北派。其源發於伊勒呼里山之西南。東南流。合於伊什肯河。及訥約爾河。從莽賈哈達西南。經過達巴庫地之北。折而過墨爾根城之北。又經拉哈站之西北。至齊齊哈爾城之西。折而東南。入內蒙古科爾沁部。經庫魯站之西南。會於淘爾河。東南於郭爾羅斯後旗界。合於松花江。此處當伯都訥廳之北稍西。凡十三里餘。距伯都訥站四里。其江面之闊。約五六丁。水深達二十尺以上。

松花江既合於嫩江。水量益增。自此處江流曲折。其方向更轉而東北。至呼蘭廳之南。有呼蘭河來會。此間地勢。由內蒙古迤東。則屬平原。而江身廣闊。水流散漫。處處有小洲。舟行甚爲不易。從此至三姓城之北。右岸有瑚爾哈河來會。左岸受巴藍河。水口爲十字形。由三姓下流。尙向東北。河水漫流。生無數之沙洲。至於札匪堡之北。北緯四十七度四十五分。東經三十二度四十分處。會於黑龍江。從嫩江之會合處至此。凡六百海里。

據維廉孫氏之說。松花江合於嫩江。向於東。漸轉而向東北。合於黑龍江。然謂松花江合於黑龍江。甯謂黑龍江來入松花江也。此何故。蓋二江相合之後。江流之方向依然東北。且松花江水量。不讓於黑龍江。故不可不以松花江為本流。就其水域觀察之。可信其然也。

遼河為滿洲西南部大河。自古因此河流。遼東之地名遂著。其水域有內蒙古東部及盛京省之東南部。於遼東灣占海運之便。其上流東西有二派。其一乃西喇木倫河。又名潢河。即西派而大也。其二名赫爾蘇河。即東派而小也。

西遼河之源。發於內蒙古克西克騰部界內之赫爾賀爾洪地。以七老圖山脈分灤河之水域。東北流。名西喇木倫河。折而東流。過巴林部之南境。會喀喇木倫河。過阿祿科爾沁部之南。翁牛特部之北。流下沙原中。會於老哈河。水勢益盛。自此向東北流。至於札魯特部之南界。奈曼部之北界。折而東南。分為二派。經數里復合。過喀爾喀二旗之北而東流。從科爾沁左翼境東南。會於東遼河。

東遼河（一名赫爾蘇河）之源。發於長白山西北支之庫爾諾窩集。西北流。過赫爾蘇驛之西。名赫爾蘇河。赫爾蘇者。自盛京通於吉林官站。人口頗多。由此會於鵝哈河。出赫爾蘇邊門。折而西南流。過昌圖府之北。至邊外北緯四十二度四十二分。東經百二十三度三十五分處。會於西遼河。二源既合。東南流於盛京省疆內。俗名巨流河。過開原縣之西境。南流下鐵嶺縣之西半里許。經過盛京之西北境。會於養息牧河。過巨流河司之東。巨流河司者。由北京至於盛京之官道。距遼河西岸半里許。此間河水涸時。水面之廣。不過二十間。(每間合中國六尺)水色頗溷濁。西南流至於遼陽州之西境。會於渾河。渾河在支流中爲最大。一名小遼河。以其水勢亞於遼河也。自此以下。遼河水量增加。流勢尤急。其速力一時間。凡六海里。從此經營子口。入於遼東灣。其全長凡三百六十海里。(每海里約中國三里零)營子口位置於河口上流。凡十三海里之東岸。此港爲中國極東之條約港。其貿易漸有赴於旺盛之勢。由營子口六海里之下流。西南角有礮臺。遼河閱年次第淤塞。距今凡在百五六十年前。鐵嶺縣之西。七里半之馬風口。可通中國船。又七十年前。以巨流河舖爲泊船之處。現時至營子口上流。凡十海里處。船體稍大者。已難通。據維廉孫氏之說。遼河之淤塞。雖由沙泥堆積而然。然沙泥堆積。非盡因水勢急激。抖因上流之土地高起。易使沙泥下淤也。

遼河口。爲向西南之方位。河口之面。凡一千八百尺。西岸由沙泥成淺洲。其長凡三里。蘆葦覆之。潮落之際。露出全面。東岸爲沮洳濕鹵之地。多開墾之爲曬鹽場。潮汐漲落之差。平均約十六尺。以其差甚大。故船舶常待潮而出入也。

鴨綠江者。畫朝鮮之西北境。與滿洲之分界。江流左岸爲朝鮮領。右岸爲中國領。其源發於長白山之南麓。南流受數小水。折而西流。左岸受虛川江。又折西北。長津江由南來會。右岸受費德里山等所發十二道溝至頭道溝之水。折而西南流。經帽兒山之東麓。右岸受栗子溝河以下數多之小流。過朝鮮之渭源郡。及楚山府之西北。佟佳江從西北來會。水勢稍大。由此南流。又屈曲下流爲西南之方向。經碧潼郡及昌城府之西。靉河來會於右岸。南流從九連城東經義州之西。而入於黃海。

鴨綠江下流。自九連城近傍至於安東縣右岸。卽滿洲地。距山陵凡半里至一里間。沿岸多水濕之低地。遷移之農民。散在各處。但其數甚少。江之左岸。卽朝鮮地。從義州下流之地。漸變爲丘岡。其卑濕地。各處有人家。爲零星之村落。從左岸距江流一里處。起無數之峰巒。連亙覆於低地之背後。比右岸滿洲地方之丘陵。較爲高峻。往往見樹林蒼蒼。江流於老龍頭之東。合靉河。分爲二派。復於下流六海里安東縣南。水流復合。爲江心之一洲嶼。此處江身凡廣十四五丁。（每丁約合三百六十尺）江岸稍高。然不足爲險。江底雖有泥土。然不背其名。水色恍如鴨綠也。光緒初年。沙河子置安東縣。又大東溝爲鴨綠江右岸之一港。而流下之木材。輻湊此處。由安東縣下流滿洲地方之丘岡。距江岸由十丁而至五六丁。其山麓與江岸間之卑濕地。夏時皆能通車。然高隴上下。槪皆耕種。自此凡於十二三海里之下流。至於三道藍陀。無異左岸之朝鮮地方。丘陵漸低。恰如設防水之隄塘也。

鴨綠江於安東縣合流。由此以下。殆向西南流。於三道藍陀之南。激於丘岡。更轉東南而爲灣曲。此處江身頗大。約有二海里餘。此灣曲內有村落。帆檣林立。卽三道藍陀也。從此江流向於正南。至大東溝之東。約二海里處。入於海。對於江口者名張島。有小島及五六石礁。距江口凡四海里許。江水適當此島。分爲二派。一沿於朝鮮地方。一沿於此島之西北。以入於海。朝鮮地方之水道尤深。退潮時張島近傍。皆爲沙泥地。只見江水分二派抱島而流耳。以其水勢甚急。上流三十海里之安東縣近傍。雖非潮汐之時。船舶亦不能上下也。

圖們江爲朝鮮之東北境。與中國滿洲及俄領沿海州之分界。其源發於長白山之東麓。名曰圖們色禽。（色禽河源之義）東流。折而東北五十海里。受西北來之一水。又東南流。受西南來之一水。又東北流四十海里。左岸受三小水。從此稍東。有小圖們河。自西北來會。爲圖們江之別源。至於長白山支峰之東麓。屈曲北流。納右岸數小水。經朝鮮茂山府之西北。下流平地中六十海里。受南來之三水。會甯鐘城二府。皆濱於南岸。會甯爲滿洲人與朝鮮人之貿易場。其規制每年於結冰之後開市。近時兩國協議。廢定期開市。許自由貿易。不僅會甯一處。卽沿江各府。滿洲商人。無不來寓者。至於長白山支峰之南麓。有噶哈里河。由西北來合。水勢漸大。其南對岸。卽朝鮮之穩城。折而東南流。殆爲半圓形。至於琿春城之南。有琿春河。由東北來會。又東經朝鮮慶興府之東北。遂入於日本海。噶哈里河。由興安嶺之支山出。以英額琿呼嶺山等分隔瑚爾哈河之水域。合海蘭布爾哈圖諸河之水。入圖們江。其水量之盛。幾及圖們江。

圖們江由穩城至於朝口。凡四十海里。其間深淺廣狹。固不一定。然概分之。穩城以西。其河式爲淺狹。慶源以東。則深廣。在慶興之前。江面廣二千四百尺至三千六百尺。處處有洲渚。水深十二尺至二十四尺。或爲淺灘。有可徒涉處。自此以下。爲俄領與朝鮮之疆界。其在鐘城近傍。江面廣千二百尺至二千四百尺。淺灘頗多。江底皆沙石。水色淸澈。沿岸之地。概皆肥沃。而右岸多樹木。其左岸屬於中俄二國之地。近時人口繁殖。如薩約爾佛喀村。當西歷一千八百八十五年。中俄兩國。派員勘查境界。遂認其地為中國領。

湖澤

在滿洲有湖澤之地。以黑龍江省內嫩江下流合於松花江之近傍低地。及興安嶺之西麓。又於吉林省屬瑚爾哈烏蘇里二河域之低地。此數處因土地之形勢。異其景狀。屬於吉林之地。動植物頗繁。可稱豐饒之地。

然黑龍江省境內多磽确及沙漠不毛之地。以是其湖澤亦自異其形質。為數多之小湖。或四圍不通。水渟其中。或流出而為河流。又有納數河而為大湖者。其湖之大。要以呼倫池與興凱湖為最。

呼倫池一名枯倫泊。又名庫鄂湖。又稱闊灤海子。在黑龍江省呼倫貝爾城之西。納貝爾池所分流之鄂爾順河及西肯特山所發之克魯倫河。從北岸湖口流出。為會於額爾古納河。會於黑龍江。呼倫池未詳其景況。不過記其概略。據水道提綱云。由西南而東北。長凡三十五里。東西闊十六里。湖之正面有巴柳爾台山。近其東北岸。有噶爾巴爾山。正北有敖勒。郎塞克忒山。湖口於東北角分二支流出。一支於噶爾巴爾山之西北地。會於海拉爾河。一支正北流。過敖勒郎塞克忒山之東麓。經數里。二支復合。湖面水量尤多。常見白渡淼淼也。

興凱湖於咸豐十年。（當西歷一千八百六十年）因定北京條約。當烏蘇里江地方、之界線。湖之北半屬於中國。南半屬於俄國。湖水全面爲楕圓形。其北擴張而其南縮小。南端并陷成一灣。南北長二十里。東西闊十五里。最深處約十四五尺。最淺處不過五六尺。湖底爲沙泥。其中有種種有機物之遺體。湖岸則東方及南方有濕淤地。此濕淤地連大松阿察河之平地。其間散布泥濘淺水之小湖。多不可跋涉處。凡南方及東方至小松阿察河口。有濕淤地。迫近湖岸蘆葦叢生。自勒富河口於小松阿察河口之南二里處。小山屹立。湖岸自大松阿察河口而北。沙石成爲高隴。界濕淤之地。其隴廣二三十尺。此高隴由大松阿察河口起。與濕淤地內諸隴合。遂漸巨大。連亙於大小湖間之地峽。至於穆稜河。

達巴庫湖一名小興凱湖。在大興凱湖之北。其間有分界之陂隴。隴廣一丁半至二丁。高二十五尺至四十尺。達於六十尺。隴上樹林繁茂。湖長十里。廣一里至三里。如大興凱湖。水甚淺。其尤淺處。可以徒涉。分界大小兩湖。沿一帶之林隴。湖岸淤泥。蘆葦叢生。兩湖曾爲一湖。以西南風多。漸次泥土。使之堆積。遂成今時之地峽。土人謂據故老之傳說。初於兩湖之間。小嶼屏立。後因風浪堆積泥土。小嶼遂相連而爲地峽。然現時尚有水與兩湖相連續云。

興凱湖之西岸。與東岸性質互異。帶山地之景象。然於穆稜河口及烏札胡河口間。僅兩山耳。是山稍距湖岸。直走於捫河口以南。其形恰如波浪之起伏。遂成沙石及粘土之斷岸。臨於湖上。其高七十尺至二百尺。於烏札胡河及捫河口間。其山趾遠於湖岸及二里半。爲其間皆爲平地。或爲濕淤。或爲草野。而霖雨之時。總爲水所浸涵。西岸之山。連亙分數支。北分界興凱湖與穆稜河域。南分界綏芬河域。以此山支爲中俄兩國之疆界。

注入於興凱湖之支流有八河。多在西及南。至北與東。僅各有一河。皆富於水量。其最大者必勒富河。由河口二十海里間。可以航行。通湖水之河流。有大小松阿察二河。納如此多量河水之大湖。水量不覺其多。似爲可怪。然此湖水以非常蒸發之乾燥。致消失水量。船舶不得自在通行。且有時暴風大作。波浪激怒。湖水溷濁。小汽船不能駛行。須於大松阿察河口。靜待數日。方見河上之安靜而可行也。

從湖水流出松阿察河之河口有兩處。其一爲小松阿察河。此河口於大松阿察河口之南三里流出。凡過二里。合於本河。大松阿察河口。有大松樹林。凡十里間。鬱蒼成蔭。河西諸山。松亦繁生。至於湖口之北五里處。闊葉樹頗繁茂。此等松樹。在烏蘇里地方及錫赫特嶺。均甚稀見也。

湖水之温度不甚低。魚類頗多。且湖底砂石淤泥相混合。湖岸亦以或爲淤泥或爲砂石。恰適於魚類之生育。魚鰤生長。尤爲便利。實他湖所不能比。每年三月。湖面冰解之期。魚羣由烏蘇里江經松阿察河以入此湖。湖中魚類充牣。甚至汽船進行時。因車輪之運轉。常殺遊魚。且時時有魚飛躍。落於甲板上。其大者爲鱘魚及潛龍魚。而其重有百二十貫。其長有及一丈五尺者。如此之淺水湖。而大魚育生之。可謂奇矣。然其魚類雖多。而土人猶少得利益。蓋此地漁業未有進步。湖之西岸及松阿察河口近傍之住民。不過捕之以供日用之食料而已。（十五斤爲一貫）

海岸（島嶼港灣半島岬角）

滿洲之海岸。由朝鮮境鴨綠江口。至於金州廳旅順岬。大約三百三十六海里。由此成一大灣形。達於直隸省之山海關。大約二百四十海里。自鴨綠江口至旅順岬一帶之海。曰黃海。其西北曰渤海。又渤海分爲二灣。灣入東北者曰遼東灣。灣入西者曰直隸灣。遼東灣西北岸從山海關起。至於遼河口。一帶海岸。均多山峯。從山海關曲折向於東北。凡六海里而至廟角。由此曲折向於北三海里。又折向東北。至於沙角。又轉而向於北東。

凡十海里。其間沿岸。皆爲山麓。而多低角。外面石行遠列。散布海中。廟角之高百二十尺。而距此角東北五海里至七海里。有三處之低角。一爲沙隴。二其近處海底深淺不一。三爲石崕。其東之低沙山有小廟。近石崕處。散布數石。其東有通湖水之水道。可通小船。距此水道東五海里處有土礮臺。此邊均屬沙岸。其陸地高山駢列。自東迤邐而向於西。山嶺之東南端。名非石爾山。高一千八百尺。由此北四海里處。有尖峯。高一千八百尺。尖峰以東之海岸。爲平沙原。其東南角之高。及於十尺。沙角上有小廟。沙角西南鋪入於海。其長凡八海里。名渴盧塞爾淺灘。最爲廣闊。由沙以南三海里至六海里間。海水激之。常起波浪。潮勢甚急。此處海岸多泊船處。又有可避東北及西風處。

距沙角東北十四海里。有瓦倫角。角上岡阜高百七十尺。東北半面爲陸岸。其內有鎮市。曰釣魚臺。沿岸多居民。又東北有司突老某島。一名菊花島 高二百尺。其東南岸爲陸界。四周多石。島間有廟宇。此島與瓦倫角間通直隸灣水道。其北爲淺澳。從澳之北岸至於瓦倫角之間。有邱陵。高七十尺至一百尺。其長六海里。沿岸一帶。海底甚平坦也。

自司突老某島向於東北。一帶曲折。爲低海岸。凡五海里。至於南甯遠角。其東北二十海里。至於北甯遠角。南北二角之間。爲泥平灘。前面有馬鞍桃花等數島。從海岸凡二十海里內之陸地有二山。一高二千尺。名爪山。一高一千八百尺。至二千尺。峰頭平頂者曰棹山。其東北有克勒倫司山。高一千三百九十尺。此山之支峰。皆尖銳而挺。至於南甯遠角。其內最高者八百尺。稍低者五百尺。其南面之低峰上有一塔。又北甯遠角有冠冕山。高一千零九十尺。

桃花島與陸岸之間。爲甯遠平灘。其內有水道。闊二百四十尺。水深四尺至六尺。此平灘因沙泥質而成。退潮之時。出水面一尺至三尺。平灘之南。有最大之露石。名大猫石。由此以南。又有數小石。湖水漲時。則隱。可爲航海者之記認也。

從桃花島以北。凡八海里。至於獵角。由此角至北甯遠角。長凡三海里。沿岸三處。低山排列向北。其處有大石行。獵角上部爲陸山。高八百二十尺。其北面沙澳之陸岸爲平原。而一帶陸山。從沙澳東角。向東排列。而成海岸。又獵角之東北有葫蘆島。多列石行。葫蘆島與陸岸相對處。爲低窄頸。由南面視之。如與陸岸相連也。

葫蘆島與葫蘆島角之間。向北者爲錦州澳。澳首低山突出。分而爲二澳。其突出處有一塔。卽此澳之標識。澳之西南甚淺。有泥灘從突出處向葫蘆島。遠鋪入於海。澳之北部亦淺。潮水落時。距陸岸一海里處。水深至六尺。又澳之北半有老河口。河口以東有大家村。

距此村西南一海里許有露石。此澳距錦州府凡二十海里。錦州澳之東北角。距陸岸二海里處有司特拉他島。島北有沙頸。連於陸岸。距司特拉他島北東六海里有海首山。高五百五十一尺。爲遼東灣北首之標識。距此山凡六海里。而陸岸曲折向東。與數帶駢行之山峰。迤邐向於東北。凡三十海里。此山峰以東爲曠原。卽奉天平野也。

距海首山東北五海里處。有小淩河口。河口外爲平淺沙灘。又距海首山東四海里。而通小淩河之水道雖淺。小艇得自外進行。由此而東。大淩河口。距司特拉他島以東凡二十二海里。以河口外有平衍淺灘。故河口向西而流。河口外東南有淺沙灘。向西入於海八海里。名蓋州淺灘。淺灘南界有沙尾。向東南伸入於海十六海里。而至於遼河口。此灘淺深不一。其間水道深十八尺至二十四尺。

遼東灣之東北岸。由旅順角起至遼河口。位於旅順角突端。從老鐵山西南角。向北一帶。皆爲陡山。沿岸曲折。凡十四海里之間。有二澳。南名鳩澳。澳內水深二十四尺。除西風外。可避各方之風。北名魯以沙澳。距鳩澳五海里。澳口有小島。澳內水深二十四尺處。亦除西風外。可避各方之風。距魯以沙澳西四海里。有石島。高四百尺。其南角有石行列入於海。凡七百六十尺。距老鐵山之西北角六海里。有鐵島。高七百五十尺。四周皆有石崖。以此島爲會灣之南界。會灣者。老鐵山以北之總稱也。灣口甚闊。凡二十六海里。由東至西。長二十海里。灣首有石角。伸入灣內分爲二澳。南名金州澳。澳首甚淺。此澳與大連灣間之地峽。僅二十四五丁。每一丁二百六十尺 其北名亞當司港。以會灣內小島頗多。故可泊船處亦不少也。

會灣之沿岸。南由各連生角起。至於劈頭之間。一帶山巒叢雜。長十四海里。距劈頭西南八海里處。有石行。潮稍落時卽現。劈頭以北之沿岸。概爲石崖。其東南二面之小澳內。亦多石行。由劈頭海岸曲折而向於東。至金州澳首。其間一帶海岸皆隱險云。

金州澳甚淺。水底多泥質。澳口外有細沙灘。由非石波恩島向南鋪入澳內之水道。闊凡八丁。一丁三百六十尺 長凡二里。水深十三尺。澳首爲平原。近於三生山麓。有金州廳城。近城垣處。均屬泥灘。非潮滿之時。不得登岸。澳北有二峰。一名阿司班峰。高七百二十尺。一名鑰匙峰。高五百九十尺。非石波恩島爲凸圓形。高二百九十尺。此島向海之一面爲石崖。凡航亞當司港者。可向此島經過也。過鑰匙峰以北。有淺澳曰俗理溫。於內有一小島。分澳爲二。北澳比南澳稍深。澳之西北口。卽亞當司港之南角也。近角正面。有門島。其向於海面之石崕。成爲二峰。亞當司港之北岸。有細沙灘。向南入於海。十二海里。對於港口。沙灘之水深七尺至九尺。其餘十二尺至十三尺。惟非石波恩島之西北水深十六尺。長一海里。亞當司港長十八海里。內有水道闊千二百尺至四千八百尺。潮滿之時。凡船體喫水二十尺至二十一尺者。皆可通行也。

合峰島之脊角。與倍德門島之間。名董家口澳。倍德門島之南面爲陡石崕。而此島之北面爲沙山澳。澳之南半有石行列入於海。澳內爲一帶沙山。故名。此澳之北角。與葫蘆山澳之南角。角上有凸圓山。可以爲標識也。

葫蘆山澳闊六海里。水深四十五尺。海底爲沙泥質。其西南爲護風處。其北半可避西北風。澳之南有一島。亦分澳爲二。澳東北有大島。曰景杭島。一名長興島。此島分隔葫蘆山澳。與復州澳者也。以葫蘆山澳以北之陸岸甚高。故距陸岸二十五海里間。由海面望之。可見景杭島之西南角。即葫蘆山澳之北角。此角西岸有石崕陡起。距十二海里。由海面可望景杭島之北峰。峰北有山高一千三十尺。其東面爲陡崕。遠望如島。

距景杭島北角六海里。有高二百四十尺之山。曰石行角。近此山處。地皆陡絕。由海岸曲折。向於東南二海里爲小澳。自此澳首又曲折向於東北六海里。至於四雷尼角。爲復州澳南角。角爲圓石崕。高四百尺。由此角有石行。向東北入海一海里。又距四雷尼角之東北十二海里。有棹角。其間有石淺。並多露石也。石淺者淺水處石鋪其底

復州澳之北有山。其形如礮臺。向西者爲圓錐形。高五百三十尺。距此山東南不遠。望之爲二平頂山。其山麓突出。向於海岸處。爲礮臺頭角。距此角二千四百尺。有小石島曰官帽石。

距礮臺頭角西南八海里。至於復州角。角上有高百尺之平頂山。與復州角與四雷尼角間。爲復州澳口。澳闊十二海里。水深七十五尺。棹角之北有小島高一百十尺。曰方島。棹角與此島間闊二海里餘。水深十尺至五尺。通於復州水道。

由礮臺頭角曲折向於東北四海里。有高五十六尺之斜陂。曰格拉西司角。此二角間之海岸。有沙山。從海面最易識別。沙山之後有雙峰山。高一千二百尺。雙峰山向南者爲奇形。又由格拉西司角曲折而稍偏於東。爲狹長之澳。其澳沿岸多低山。距陸地不遠處。有二桅船石。距二桅船石東北五海里。有低石崕。曰馬高温。

距馬高温五海里。而山嘴伸入於海四海里。曰墨克司握爾角。高九百七十尺。南爲墨倫澳。角上陸岸。皆爲平原。距海岸十二海里至十四海里。一帶有高山。綿亙於海岸凡三十

海里。其內有高二千尺至三千尺者。墨克司握爾角東北六海里許。有沙頭。高四百四十尺。山陂多積沙。由鞭登淺灘之外。視此沙頭易爲識別。鞭登淺灘長二十二海里。海浪常激之。距沙頭西北九海里處。爲此灘之最外。尤爲危險。沙頭北有馬勒澳。其北海岸有一角。角上有數山。其內二山南向。高一百六十尺。形如馬鞍。曰萬息荅馬鞍山。遠望之能見四周陸地。距此山東面二海里有大方臺。

萬息荅馬鞍山之東北十海里有臺山。高四百二十尺。以山巔有二臺。易爲識別。故曰臺山。臺山之後。見有山峰稍高。近山峰之西北。有一小島。距小島二海里有石淺伸入於海。由小島以北。水深十五尺處。爲石淺之末尾。臺山之東北爲蓋州角。此角比臺山稍低。角上有臺。角後有帶山。高七百尺。內有尖峰。高八百五十尺。近於蓋州海岸。有淺灘。由東北至於西南長七海里。蓋平縣之城垣。距海岸十海里。距蓋州角之北陸岸三海里處。爲小船碇泊場。蓋以通於蓋平縣之水道頗淺也。

由蓋州角至北遼河口間。皆亙有輭泥。遼河口外之水道。兩旁有泥灘。伸入於海四海里至六海里。河口東角。向南二海里至四海里。距東角西南七海里處。爲淺亙之外界。水深三十五尺至四十五尺。水道中界稍淺處。長二海里。水深僅四尺。蓋遼河口之水道。苟無熟諳水道之人引之。則甚難進行也。

屬於黃海北岸之地方。凡北緯三十九度三十分。東經百二十二度三十分之畢利河口以東。至於鴨綠江口之海岸。以未實測。不能詳其形勢。然於此一帶海岸皆爲沙灘。闊四海里至二海里餘。海面有數島。東西連綴。陸地山峯。距海岸二海里至十海里。由大莊河以西。邱岡漸大。山峯延亙。其入海之河流雖多。然除大洋河外。皆係小流。無一可通舟楫。稍著名者。不過畢利河大莊河小洋河等而已。屬此海岸之各港。於鴨綠江口有大東溝。大洋河有大孤山。大莊河有莊家口。又有青堆子。皮子窩等五港。而以大孤山爲大。皮子窩次之。然皆非便於泊船之埠頭也。

光祿島西北之陸岸。曰鹽大澳。澳內多小島。並多石行。澳首爲一帶高山。其間有河口。曰五湖門。鹽大澳之南。有山嘴伸入於海。高六百尺。其陸地有三帶之山。其內一帶曰尾角。南面有石崖。長五六丁。近石崖處之潮勢最急。其山嘴與陸地相連處。爲窄沙頸。近沙頸處爲三帶之最東。其西面高一千尺。距尾角西南六海里之山麓。爲低石岸。前面多石行。及小島。尾角之北岸。曲折而向於西北三海里處。爲五湖門。東面有沙角。沙角西之山隴。爲圓錐形之低山。延而爲五湖門之西岸。其西北距四十海里。有高駝山。（一名關東山）高一千五百八十尺。最易識別也。
距尾角西南六十海里。有石如舌前伸者。曰石角。其最高處凡一百五十尺。由石角西六海里之陸岸。有帶山。其中有高至九百尺者。山之東尾伸入於海。爲陸角。此角與石角之間。爲石突理每澳。澳首爲低沙岸。澳內有小島。沙岸西界近石崖處有溪口。
大連灣東有二澳。東曰深澳。西曰克爾澳。二澳之東南爲避風處。澳首甚淺。以夏季海浪多從東來。故不便泊船。至克爾澳水深十五尺至二十五尺處。可以泊船也。
從大連灣之西口角。曲折向於西南二海里。至南口角。近此角之水道爲陂界。內有小島。小島四周有石行。深淺不一。此一帶海岸有小沙澳。近沙澳有劈形之小島。其斜面向東者曰旁島。此島常有海浪衝激也。
大連灣長八海里。灣首爲三小澳。一曰勿多理亞澳。一曰船澳。一曰手澳。又東有小澳曰阿丁澳。皆英人附名也。夏季東岸可避風。又西口角與南北之山島間。有水道闊五海里。至南北兩島間之水道。闊一海里。北三山島與東口角間。有水道闊二海里。此水道概屬隱險。距北三山島十四丁（每丁三百六十尺）有泥灘。水深三十尺。天氣晴爽時。在陸岸可見高二千二百十尺之三生山。

勿多理亞澳內之水。深十五尺至二十七尺。水底乃泥質。大連灣首之陸岸。前伸如舌。其東爲手澳。凡船體喫水不過十尺者。可泊於澳內。至阿丁澳。亦可泊大船四五艘也。旁島之西爲千布力焉澳。澳口闊十丁。東有南口角。西有亂山爲尖形。此處長一海里餘。澳口以東。有石行。澳內水深十五尺。千布力焉澳以西之海岸。多陡山。並石山。曲折向於西南六海里。有石崖。伸入於海處。爲小濱島。（一名比頑島）海岸爲小澳。後有高山。石崖與陸地相連處。爲低頸。上有同名之鎭市。距比頑島東角一海里至二海里。有五小島。海岸爲低石崖。比頑島低頸之兩旁。有小沙澳。一曰東口。二曰西口。由比頑島之陸岸。曲折八海里。又折而向於西南二海里。至於鮮生角。距鮮生角二海里處。爲阿爾沱爾港。港闊九百尺。港口東有山高四百尺。此山與鮮生角間近石崖之沿岸。列有石行。入於海五六丁。由阿爾沱爾港。曲折而向於西南五海里。至老鐵山頭。由是又曲折向於西北三海里。爲老鐵山之南岸。轉向西北。老鐵山高一千五百尺。對關東山爲西南向。由是以南。皆屬於遼東灣之東岸。

島嶼

黃海北岸及遼東灣。有列島甚多。其距鴨綠江口西南二十海里有三島。西曰鹿島。中曰小獐島。東曰大獐島。此島爲盛京與朝鮮海分界者也。

波爾邪爾列島。在盛京海岸最東北處。又名布藍得列島。其內最大者爲無産島。有山峯高千尺。其頂分爲兩峯。南角有尖石。無産島東北十海里至十二海里有將軍石。爲列島之最東。

海洋島在波爾邪爾列島之東南爲凸形。自南至北長四海里。高三百三十尺。四周多石崖。其南面爲破碎陡石崖。西北一面爲象登港。港口凡八丁。長二海里。港口之北角有陡山。曰所倚頭。較低南角。又有石陂伸入於海。船舶常至港內。水深十七尺至二十尺處碇泊。港內有小溪。潮滿之時。小船可至溪口。以取淡水。港首有小市。又名荷葉山。

五馬島在海洋島之西北十四海里。又外長山列島之東北十三海里處。一曰洋島。島上有圓錐形之山峯。高六百尺。距此島北及東北一海里至二海里處。有四小石島。

外長山列島。在大連灣之東。四十六海里。總稱長子、大小鶴子、搭連、多沙、等五島也。小鶴子島。在海洋島之西十二海里。爲列島之最東者。南半有山峯。高六百尺。東北角有高石崖。西北角有長斜陂。角外有凸石。此處潮流最疾。島西面有二石澳。大鶴子島距小鶴子島西南一海里。二島間水道安便。水深八十五尺至百尺。除大鶴子島東角。餘皆陡岸。南角有陡山。高六百尺。山麓有高石斷崖。南角之南。約八丁。有方錐石。高一百二十尺。距小鶴子島一海里有尖石。其頂分爲二。最北向者高五十尺。大鶴子島西北有搭連多沙二島。此二島爲外長山列島之最北向者。二島東西駢列。相距甚近。其間有小島並石。行船不可航行。距多沙島西南三海里有長子島。一名伊家島。爲列島中最大者。內有二峯。高八百尺。二峯間爲低谷。而東北低岸之間分爲二澳。近南岸處爲陡界。長子島北有露石行。列入於水道。石行附近多石淺。距長子島凡八丁處。有蕩石甚險。除此則長山列島間水深九十尺至百尺。別無危險處也。

裏長山列島。爲三大島與數小嶼之總稱。由東至西長五海里。其在最東者曰八岔島。距搭連島北八海里。二島間水深八十五尺。至百二十尺。其東角爲陡石斷崖。八岔島最高處有六百尺。八岔島西有數小嶼。小嶼西又有一大島。以此各嶼島而成大澳。澳口有黑石。高七十尺。黑石西北有蕩石。近大島南有林島。高二百尺至三百尺。距林島西角三海里。有石甚高。

光祿島當裏長山列島之西。由東北至西南長六海里。距長子島西北十八海里處。爲此島南角。角上有山峯。高九百尺。形如圓塔。南面有陡崖。距山峯南一海里處。多石山。近此島南角有九疊石。又東南岸之澳內有數石。距南角東北五海里有圓島。高二百尺。近圓島又有狹長石島。由東南至西北。長二海里。此間有石行。連二島爲一。其圓島西北三海里處。爲光祿島之東北角。此角向東五海里。至裏長山列島。由此以北。多小嶼與露石。登光祿島巔可一望指定者有二十四五島。又光祿島西北有平原。爲此島之西北角。近角之沙嘴。與倫拍島相連。倫拍島高二百尺。距陸岸大約六海里也。

石島在遼東灣之東岸。距露以沙澳四海里處。高四百尺。其南角有石行。列入於海。一千八百尺。又距西角凡八丁。有一石。潮落時常露出水面也。

鐵島在老鐵山西北角。相距六海里。一名西侯山。高七百五十尺。四周有石崖。以此島爲會灣之南界。

木其生島在會灣之西南。高二百十尺。距此島東北三海里。爲密爾納島。高一百八十尺。二島外有數小島。及露石。故此間水道不便航行。木其生島之西北凡八丁。有小島。及由小島向南有石行。伸入於海。此島與石行相連而爲列島。距密爾納島之東角。一千二百尺。有一石。向列島之最東。乃危險處也。

理本島在密爾納島之東北。十二海里。其東面有額勿勒司島。而皆低山起伏。恍如海浪。

高一百尺至一百五十尺。近二島處。有數小島並石行。理本島與額勿勒司島間之水道。闊三千六百尺內有二尖石。

考分島在額勿勒司島東角北二海里處平頂之小島也高一百尺。近此島之水道。皆屬陸界。

低平島在理本島西角東北六海里高二十尺。自西面視之。爲劈裂之狀。距低平島東北二海里。有低石島曰弗雷色島。高凡百尺。上有小塔。此島與北方陸岸相連處有高沙隴。

三角形島在會灣北岸。圓錐頭山東南。高一百八十尺。合峯島在董家口澳之南。高九百尺。以分隔數澳。其南岸長五海里。爲陸界。惟有圓角與脊角各石行。伸入於海。凡一千二百五十尺。

倍德門島。在脊角之西北。一名蓮花島。其南面爲陡石斷崖。其北角爲沙山澳。其北有葫蘆山島。一名花椒島。其東北面爲葫蘆山澳。

景杭島在於葫蘆山島與董家口澳之北方。一名長興島。長十二海里。闊四海里餘。以此島爲沙山葫蘆山二澳。與復州澳之分界。景杭島西南角。卽葫蘆山澳之北角。此角西岸有陡石斷崖。距十海里至十二海里。從海面可望見之。此島北岸有山。高一千零三十尺。

其東面爲陸界。遠望之如別爲一島者。

司突老某島在遼東灣之西北岸。瓦倫島之東北。一名菊花島。高二百尺。東南面爲陸界。四周多石。東岸有廟宇。距廟六百尺。爲小澳。全島之廣。不過四千八百尺。

桃花列島在甯遠平灘外面。其最大者曰桃花島。一名筆架山。從東北至於西南。長三海里。距陸岸凡六海里。島中有深谷。由遠望之。如分爲二。南面高六百尺。爲陸岸。北面高七百二十尺。近東岸有石陂。形如新月。潮落時有數石露出水面。其向南者爲馬鞍島。高一百二十尺。四周爲陸界。南角有石行。列入於海一千八百尺。距桃花島西南三千六百尺。有小島。高百二十尺。四周爲陸界。桃花島東北。有平島。高八十尺。四周有石崖。近此北角有露石。高六十尺。自遠望之。如風帆云。

司特拉他島在距錦州澳東北角之陸岸一海里處。一名層島。潮落時有沙頸連陸地。島長一海里。上有四山爲圓形。中最高者二百五十尺。西面有陸崖。分露石層。故名層島。

港灣

皮子窩位於北緯三十九度二十分。東經百二十二度十二分。西南距金州廳二十五里。

在遼東亙於營口大孤山等處之海港。港口面於東南隅。潮滿時海水直通市街。雖潮落時而四海里以上。常現汐潟。礙於船舶之入港。故船舶之大者。皆泊在六海里外。至汐潟礙船舶之寄港。此處地方皆然。雖然。此港前面島嶼羅列者十七。約二海里有馬鞍島。六海里有裏長山列島。十二海里有光祿島。波濤被阻。遠望之殆如一岬角突出。連亙海面。在黃海沿岸。亦可謂良港也。

沿海邊而東西横者。有一市街。其西北部接山脚。人口凡八千。貨物輻湊。商業繁華地也。輸出南方者。爲豆油、豆餅、高粱等。商賈之大者。爲雜貨雜穀之店。質舖次之。人民常食麥、粟、玉蜀黍、高粱等雜穀。亦食南疆輸入之米。居民由山東移來者多。風俗頗惡。自上海來之大船。稱沙船。從山東來之船則稍小也。

此地爲金州廳所轄。由廳派小官七八人。來此司牧民之事。其海防有洋槍隊之馬兵步兵駐此。

大孤山港。位於北緯三十九度五十分。東經百二十三度四十四分。滿洲南海岸第一良港也。廣闊平坦。從海濱溯大洋河凡六海里。有二峯。懸巖突兀。名大孤山。因幷以名此港也。其南麓有市街。東南枕大洋河。河流深濬。通一水路。但沙洲甚多。礙大船之入港。以是大船皆泊於河口外六海里爐島之南。只小船進行於河中。帆檣林立。商家比櫛。人口凡八千。貿易頗覺繁盛。有洋槍步兵隊若干。駐屯於此。

本港自北部滿洲及朝鮮諸地所產之物。輸送於南方者。以材木爲大宗。大豆、高粱燒酒、藍靛、棉花、鹽魚等類次之。商賈大概皆山東山西及浙江廣東人。土人則從事於農業及漁獵。此地大賈有木商二十餘家。每年貿易約二十萬金以上。此地自百二十年前皆係編戶。邇來漸臻繁盛矣。

山海關外盛京沿岸之各港。其繁盛者以營子口爲最。大孤山次之。皮子窩莊河港又次之。大孤山港雖不在要防之地。而北靠大孤山。峯巒突兀。全山皆現巖骨。傾斜直下。步兵縱可攀登。但不於大洋河流豫備船筏。則不得踰也。南距六海里。有江口。江口有二小島。一名鹿島。一爲小灣。稱曰鹿島灣。

營子口爲條約港。位於北緯四十度四十三分。東經百二十二度十分。東北距牛莊城一里半。爲遼河之左岸。距河口約十三海里。爲奉天府之咽喉。歐人稱之爲牛莊。然牛莊有牛莊城。故此地不稱牛莊。而通稱營口。分兩街。其西方爲土人之居住者。稱西營子。東方爲外國人租界。稱東營子。以此地置鎭海兵營。遂稱曰鎭海營。土語又名沒溝營。

遼河港口。舊在營子上流三十海里白華溝之地。以河底逐年淤塞。大船不能容。遂移於營口上流二十海里名田莊臺右岸之地。邇來此地亦淤淺。復移於營口上流十五海里名興隆臺左岸之地。爾後又患淤塞。卒至道光三年。移於今之營口即西營子之天后廟廟內。有碑以記此事。

往日此地爲一種遊牧之民所居。張帳幕而爲生。名曰窩棚。此窩棚相連。恰如軍營。因名營子。此地有一潮水溝。潮落時成乾溝。潮滿時則海水覆沒。然潮水無損窩棚之事。由是土人以沒溝營稱之。卜其風水。間有移家居此者。即成小部落。實始於道光初年。及咸豐十年。英法兩國以天津條約開本港。至同治初年。各國開互市場於此。乃置鎮海營屯駐於此。

在咸豐年間。此地尚盜賊橫行。不能治安。後盛京將軍崇實設兵五千。盜賊方匿跡。然終不利便。已屢易其埠頭。即現今之營子口。尚難確定。以其形勢觀之。後數十年。當移至下流五海里雞爪子溝右岸也。

東西營子。人家櫛比。聚居於河流左岸。南至蓋平縣凡八里餘。皆曠漠水溼之荒地。下流至海口。凡十二海里間。蘆葦叢生。非鹹鹵之荒地。一望無際。頗難認水土之界限也。

遼河於營子口上流二十海里田莊臺處。成爲灣曲。從此下流五海里。至於侯家油房。又爲灣曲漸向西流。營口下流二海里處。有居民五十戶。名曰東弓灣。屯馬兵步兵於此。提督駐劄管之。又下流於雞爪子溝爲灣曲南向流下。此處名西弓灣。其下流五海里地。繞一土壘。長六十六尺。周四百九十五尺。爲長方形。即海岸礮臺也。此位置在卑低水濕之海濱。雖然下流數海里間。直穿河身。可以礮擊入河口之船舶。

大連灣在北緯三十八度五十分。東經百二十一度四十分。其名因數灣連接而起。此灣椗泊船舶。爲適宜。灣口向東南。其灣內南北廣九海里。東西廣十三海里。前面有小島三。東南風時。成激浪。又灣之沿岸。出入不定。更成數小灣形。其中可繫船。且適於軍隊上陸者。西南有勿多理亞澳。其北有船澳。東南有手澳。北有伯爾澳。東南有阿丁澳。岸上之地。西方及東北隅。次第斜傾於海邊。其餘概爲斷崖絕壁。巖石甚多。大連灣兩岸爲半島。突出於海。互相接近。右岸有灰質層石。并水晶石質塊者。乃地學家所謂變化質也。東北有山嶽突起於平原者。高凡二千尺。迴聳於雲際。近傍諸山。皆在其下。此高山歐人名散布屯士必克。中國人名大黑山。

西歷一千八百六十年。即咸豐十年。英法同盟軍逼北京時。英艦即第一占領此灣。於此備整糧食。遂向北塘。此地空氣淸爽。雖然淡水常乏。難供飲料。是以同盟軍上陸。穿井數處云。

旅順口爲黃海北岸之軍港。位於旅順岬之東北部。港口向東南。廣凡二丁半餘。港內東北長三海里。南北廣十四丁。西部最廣。中部狹。東部又稍廣。港口中央水深。潮落時雖低三十尺。而港口兩旁突岸形若蟹螯。東西逼近。曲護其港。東岸突端山上有礮臺。此山名黃金山。出水面二百五六十尺。西岸亦有礮臺數座。此港從來爲官設碼頭。禁商賈起落貨物。然近時得官許可。凡納稅卽得起落貨物矣。

半島

半島之大者。爲金州半島。屬於盛京省金州廳。南迤伸出於海面。長七十里。廣二十五里。半島端爲旅順東岸。即黃海之北岸。由旅順岬曲折向於東北。轉而向東。以蓋平海角爲半島之首頸。至西南旅順岬間。有大灣。總稱曰會灣。其南爲金州澳。澳首與大連灣首間。爲半島之地峽。其距離僅二十四五丁。由千山蜿蜒處之山脈。結成半島。金州廳南有三生山。高二千百十尺。在半島之突端。其秀拔者爲老鐵山。高一千五百尺。又傍東岸有高峯。達二千五百尺至三千尺。

氣候

滿洲之氣候。寒暑共甚。其至夏季。華氏表有七十度至九十度之熱度。冬季至零度以下十度。河流大約十一月下旬結冰。至三月中旬融解。因考此地一年之氣候。冬季最長。夏季次之。春秋最短。穀類兩月即成。至九月下旬。皆可入倉。當冬季之末。初天氣晴朗。漸次嚴寒凜冽。而雨水絕無。惟時有霏雪而已。雖然。亦不至障害行旅。人苟禦寒有具。亦非無愉快之時。何則。冬期河湖澤沼。水腹皆堅。跋涉於冰上。並無危險。無論步行。即車馬往來。亦無妨也。物產豆類常運於天津等處。其間土地形勢。非無變易。若山中則夏熱冬寒。均不至甚。且遼東海岸。常多溼氣。是蓋山嶺高峻。每帶雲霧。故所來大都溼氣。至若遼河水域。土地平坦。濕氣皆爲日光所燥。以是夏時温素反射而暑熱强。冬時温素不可發放而寒氣甚。其中地土。最不適者爲營子口。然於身之康健。猶無妨也。

俄人威尼古氏論滿洲氣候之槩略曰。滿洲與法蘭西意大利居同帶之位置。且於亞細亞大陸中。雨水俱足。實爲沃土。觀察其景況。不可謂非富於物產也。然而滿洲氣候。固不可與法蘭西意大利同日而語。其內部氣候。無實驗之書。是以滿洲與歐洲之寒暖。相去幾何。實不能詳。雖然。試以滿洲與鄰接之地。比較其寒暖最低度。則尼布楚當北緯五十一度五十二分。而列氏表爲三度二分。白拉昭夫琛斯科當北緯五十度二十分。而列氏表爲零度二分。波西圖當北緯四十二度四十五分。而列氏表爲四度四分。盛京當北緯四十一度五十分。而列氏表爲十度一分。卽是以觀。則滿洲氣候。非僅與歐西同帶之地。低下九度。較諸歐洲俄國之地。亦然。此固無容疑者也。蓋俄國歐洲地方。非至彼得薩額德斯科府以北。不能遇白拉昭夫琛斯科及愛琿墨爾根近傍之寒氣也。滿洲北部。卽北緯五十一度以北。自十月下旬至四月下旬。六箇月間全爲冬季氣候。彼意大利中部及南部。與盛京同帶之地。至夏季甚熱。冬季則止一月有半。或二月間可見有雪耳。

滿洲東北部之氣候。比他處之同帶地。較爲沍寒。其地有森林沼澤。但人煙稀疏。不開拓之地。十居八九。大約爲氣候不良故可知也。夫滿洲地形。實所以致氣候之不良。觀於黑龍江水域景狀。環繞其周。而北有斯丹諾威。卽外興安之山脈也分界黑龍江與勒那河水域。西有錫赫特山脈。分界日本海。南有長白山爲障壁。東有興安嶺爲蒙古之疆界。如此地形。其南北高低。大不平均。是以氣候不良尤甚也。然其故大半因斯丹諾威嶺高不遠三千尺。其不能障從西伯利亞來之烈寒。而長白山之高。直達一萬二千尺。反能障從中國及黃海來之濕度也。

物產

滿洲土地。甚爲豐饒。但因人煙稀少。其利用不能富裕。今就天然物產。舉其一斑。約有植物動物礦物三種。

滿洲全部山峯。皆有森林覆之。草木到處叢生。就中林木最盛地。在黑龍江爲內興安嶺。伊勒呼里山。及小興安嶺。佛思亨山。克爾克爾圖山。在吉林省爲長白山。費德里山。小白山。完達山。其在盛京省爲吉林哈達。長嶺子。千山。及錦州之松嶺子等。伊勒呼里山多細葉類之森林。有唐松、落葉松、新羅松、赤松、白松、水松、杜松、及樅等樹。內興安嶺之東方則異。至於嫩江水域。則細葉樹中。見有靑楊、白楊、槐、櫸、椴、檞、黑樺、白樺、菩提樹、桑、麋榆類之闊葉樹。雜植於內。又東至小興安嶺。則闊葉樹多。并有楡樹、及野葡萄、茉莉、山薔薇、等數種之灌木。佛思亨山之腹部。亦多矮小之灌木。但其中間有塞子樹耳。

林木灌木。種類甚多。皆蔽於諸山斜面。或水流浸灌。繁殖於溪間。要之此地植物。生植甚盛。林木灌木。諸種雜植於一處。灌木叢密而滋蔓。其蔓延山間而最茂者。爲葡萄。其餘或蔓延遍地。恰如綠色之布氈。或纏繞樹林。其狀實無異熱帶地方之蔓草也。

滿洲雜產寒熱兩帶之植物。實爲可異。卽如葡萄蔓延於各地。而纏繞樅樹種類。與新羅松、蒿松、交榮是也。塞子樹胡桃樹之大。殊有足驚人目者。如是廣大之樹林。而人民斫伐。

實不能盡。然禽獸之橫行。可日見其少。而民庶遷居。凡土木經營之用。亦有所資矣。況新茁者更有向榮之象乎。

滿洲東部之中國人。嘗伐槲樹類。待其腐朽生菌。乃取之以輸出他省。遂使此森森良木。等樗櫟之材。盡歸無用。多塡於烏蘇里江與瑚爾哈河之中間。完達山之各山嶺。亦有森林。如樅、楸、梓、柞、櫟、柏、白樺、黑樺、新羅松等。皆可供建築之用。其大者可完造船材料也。如從長白山連於小白山之窩集。及從費德里山達於吉林哈達諸窩集。爲滿洲中有名之老林。深林密樹。參錯羅列。日光罕照。其間皆松柏及各種大樹。以類相生。不雜矮木。落葉堆積。至數十尺。於是溪水被阻。不能通流。盡化泥淖。步行甚難。其林中有熊、猪、貂、鼠、白灰鼠、等。皆資松子橡實爲食。又產人參及各種藥材。

長子嶺及帽兒山鴨綠江一帶地。亦多產良材。由大孤山港輸出於各地者頗多。松嶺子亦多樹木。故亦有良材。

中國人以稻米爲食物之最要。然東三省中。只沿於遼河水域。有若干水田。得以耕種耳。就中產於遼陽州者。其色微青。而味尤香。號遼陽青。然民人常食。則以粟、稷、黍、蜀黍、大麥、小麥、蕎麥、等也。

粟名小米。稷呼穈子米。播種晚而成熟早。尤適於滿洲之氣候。稷之性黏者爲黍。呼曰大黃米。可供釀酒之用。蜀黍呼高粱。需用尤廣。各地皆用以釀爲燒酒。蜀黍之性粘者。呼粘蜀黍。黏稻卽糯米。亦呼大米。均產於各地。

黃海沿岸之各地。農業尤甚。而產額亦多。凡陽春和煦之時。播種大麥小麥。至六月上旬。卽已成熟。其於南方。麥類穫後。尙可播種豆類。至九月而又成熟。大概麥類播種後。卽播種粟、玉蜀黍、馬鈴薯等。總之此等地方一歲有二次收穫。且又多早稻也。

棉產於錦州、海城、遼陽。及蓋平、熊岳、開原、鐵嶺等、各州縣地方。適於地味。色澤頗良。近以需要愈多。而產額亦加。播種於四月下旬。至十月摘之。其種之之法。當下種子之前。以流液體之肥料浸漬之。及後更加耕耘灌溉之勞。其餘皆聽諸天時之何如耳。

豆類於滿洲中收穫最豐。到處皆產。至痲及亞痲。亦能成育。以其纖緯製綱繩頗良。復州金州之間。有營其業者。繭綢產於海、蓋、復、金、等州縣者。其質良好。藍靛產於奉天以北。卽開原、鐵嶺、吉林省一帶地。而輸出於南方。每至收穫之時。車馬運載。絡繹不絕。

十數年以前。滿洲未見有鶯粟。至近年嗜鴉片者日多。而需用遂增。到處皆植。其害於穀物之耕作甚多。據土人言。植鶯粟以製鴉片。比穀物之收穫。二倍其利。蓋土人以種鶯粟製鴉片爲干禁。乃納賄於官吏。官吏默許之。於是鴉片盛於滿洲。大約其價當印度鴉片之半。

鴉片常輸送於北京及西部地方頗多。故罌粟之種殖。影響於人民也甚。滿洲少年輩沈溺於此者大半。察人民之情狀。或有漸上鴉片之癮者。或有既受其害。而不能中止者。嗟乎。中國受鴉片之害已久。乃今於滿洲。亦日臻月盛。其將來之慘狀。有不忍擬議者矣。現時種罌粟地方。由中國本部而蔓延於蒙古滿洲。年年增盛。貧民婦女。亦有喫之者。嗚呼。鴉片之流害。豈不可懼哉。

從來滿洲第一農產爲藍靛。蓋以滿洲之耕地。與市場相隔。而道路難行。運費亦鉅。故農家所希望。在收量少而價直貴之產物。如藍靛者。足償其所望也。至於今種殖罌粟。得獲厚利。則何怪乎藍靛之產額。有減而無增乎。

煙草。滿洲中往往有種植者。其中中部及東部爲多。土人既解種煙草之良法。而滿洲地土亦適宜。故滿洲之煙草。在中國最爲著名。產於吉林之近傍者。其價頗貴。葉巨大。長二尺五寸。闊八寸。其質良美。香氣馥郁。而產額極多。

至於油。從種種植物榨取之。有芝麻油、蘇油、蓖麻油、大麻油、豆油、等數種。皆爲食用之必需。豆餅輸出於各地。以供肥料。

豆類爲大小豆、綠豆、豌豆、蠶豆、豇豆、扁豆、菜豆、刀豆、雲豆、等。菜蔬類爲韭、葱、蒜、菘、芥、芹、藕、波稜菜、蔓菁、萵苣、蘿蔔、胡蘿蔔、黃瓜、南瓜、癩瓜、甜瓜、絲瓜、冬瓜、葫蘆、茄子等。菓實類爲松子、榛子、山楂、梨、桃、朱櫻、杏、栗、葡萄、棗、無花菓等。

人參在藥草中最貴。以生於曠野者爲尤貴。每年清明雪消之時。數百人爲羣。入深山幽谷。冒危險而搜索之。蓋中國人之意。謂野生人參。非人工栽培。其功效尤爲神妙。以採取者平均計之。每人約得四十枝。以十五枝藏於家。自供服用。其餘二十五枝。皆販賣於人參鋪。長四寸一分餘者。每枝值米銀一弗至二弗。其人卽以所售得之銀。營冬季之生計。或有採得長六寸七分餘者。爲最良之物。

至種植之人參。多在烏蘇里江邊之谷中。吉林府之東南部。其培養通例。或蒔其子。或植其根。方法極鄭重。夏日或用布幕。或用樹枝。防日光之炎熱。保護莖葉。除去雜草。屢屢灌澆之。植之翌年。其根尙小。經三年。其根漸可用。然中國人常經數多之年月。而後採之。除其莖葉。以熱湯浸其根。乃乾枯之。每枝皆以紙包之。

產於滿洲藥品。除人參外。凡茯苓、五味子、細辛、白附子、黃精、玉芍藥、金線重樓、蒼耳、百合、木通、澤蘭、地丁、甘草、桔梗、五加皮、龍膽草、貝母、牛旁子、柴胡、半夏、防風、薄荷、麝香、熊膽、虎骨膠。鹿茸、五靈脂、牡蠣、葛根、等類。

羽族之產於滿洲者。爲雞、雉、鵝、鵲、鴨、鶴、雁、鶉、鵲、雀、鴉、燕、鴿、鳩、鵻、鷃、鷹、鷲、鴟、鵂、鶺、鴒、鶯、百舌、雲雀、鷺、鷸、鷔、鵜鶘、鴛鴦、類。

至毛族之產於滿洲者。以虎爲多。皆在深林。屢害人畜。其虎與印度孟加拉地方之虎同種。自頭至尾。長九尺餘。以虎皮到處售鬻。足知山中之多虎。至虎之出沒。雖限北緯五十一度之地。然時有求食餌至五十五度之地。若熊棲息林中。土人畏之。不啻虎豹。又多臭猫、鼬、狐、之類。到處有之。而深林中狼與野猪尤多。

產於黑龍江地方。細毛獸類中。以貂鼠爲最貴。其毛細軟而具金色者尤貴。通古斯人以無錢貨通用。常定獸皮之價額。以代貿易上尋常通用之錢幣也。

清國政府。從前保存山林。禁止伐採。以繁殖貂鼠。毛色種種不一。有黑色、鮮褐色、赤色、黃色、等。以毛皮之濃淡。分價額之高低。故歷練者將若產某地。若產某山。一見卽能鑑定。上力長一日一

貂鼠亦因於居處。異其毛色。其產於松杉之林者。毛皮最帶黑色。品格卞

林者。毛皮稍鮮明。而品格次之。產落葉松之林。及五葉松之林中。者以毛皮蔥、蒜、菘、芥、芹、藕、

最下。其次於貂鼠。而毛皮亦貴重者。爲栗鼠、松鼠。松鼠毛皮。爲貿易品之一。輸出於他國者多。

其他有山羊、黃羊、密狗、貂、熊、羆、麋、鹿、狼、狐、狸、麝、鼯、豺、鼠、兎類等。就中由麝取麝香。鼠類即貂鼠、銀鼠、灰鼠、松鼠等。獸皮爲此地物産之大宗。中國人以出於此地。頗貴重之。

家畜有馬、騾、驢、牛、羊、豚、犬、貓之類。馬體小而强壯。騾能耐勞。牛大者用以耕田。羊尾大而性鈍。犬可從獵。頗銳敏。吠聲可恐。然不勇猛。

滿洲以多巨河大澤。故魚類不少。今舉其種類。若鯉、魴、鱖、鯽、細鱗魚、烏子魚、發綠魚、鱘、鱸、鰉、鱧、鱒、鱮、鱅、鯇、鰻等是。就中鰉魚自興凱湖生育於松阿察河烏蘇里江。大者及八尺餘。味尤美。俗呼鱘鰉。又呼阿金魚。且其骨乾燥。可爲食物。發綠魚鱧鱒鱮鱅其形頗類鯉。頗大。有至四五十斤者。此等魚類。俗總稱鏈子魚。鯇鰻亦有至數十斤者。其他小魚類。不勝枚舉。魚羣相聚而來者尤多。如松阿察河。每年當三四月冰解後。輪船進行。時有觸車輪而死者。即此可知滿洲江河之富於魚類矣。其鮭魚爲土人食物必要之品。土人捕獲之頗多。每至上羣之時。小河中充塞鮭魚。不得游泳而過。多躍登岸上而自枯死者。三姓以北之土人。常製鮭魚之皮。爲暑天之服。冬日之鞋。施以針繡。頗爲美觀。

蛇、蜥蜴、蝮蛇、蛙、類亦多。至羽蟲類則嫩江以西之山野。殊多蝱。當晴天無風時。或雨後尤甚。在其地者。常張廬帳。開其口。待蝱來。皆飛入於帳中。乃以箒撲殺之。否則來螫馬牛。流血被體。時有被螫死者。故土人常防之以樺油。

礦物

鐵多產於遼陽州東北一里之撒馬集近傍。與其他各處。其質堅。磨之有光澤。鍛之可以爲刃。以數處之出產。給全部而有餘。又金州半島之海面。有一島。名鐵山島。此島含有磁石鐵。船舶近之。羅針卽有變動。大約此磁鐵石與山東磁鐵石相連云。

盛京省從來富於礦物。錦州、開原、興京、有金礦。遼陽、海城、復州、岫巖、一帶有鐵礦。且遼陽之本溪湖、牛心臺、王子溝、紅臉溝、數處。產無煙煤。運輸亦便。往時地方官禁止開採諸礦。只准開鐵礦。以供居民之需用。其示曰。奉天府金、銀、銅、鐵、等礦。久禁開採。然竊掘尚多。恐其中潛藏匪類。而生爭端。至本溪湖等處出產之鐵。爲居民犁鋤必需之物。無須禁止。其外若遼陽所屬黃波、羅峪、開原所屬打金廠等處。均照錦州大悲嶺之例。永禁開採。卽此可知其富於諸礦明矣。

據歐人某說盛京煤礦。蔓延各處。現盛京之南北部。其煤合於民用。而礦地著名者。若遼陽城東北馬家溝。及棚西富等之地。煤質頗良。產額亦廣。復州南一里許沿海有煤礦。此地有船舶之便。輸於山東省。尤爲巨額。其他煤質之良美。而有聲價者。在北緯三十九度三十分。東經百二十一度五十分。名曰孛羅。又有老礦在金州廳西南之杏園島。或在金州廳東南大連灣海濱。及大洋河東岸。

黑煤多產金州半島之東部。於皮子窩一帶海岸。民多用之。皆積於園內。且沿道路。有數里之黑煤沼。取而乾之。堆如高壁。其煤色爲純黑。不雜他色也。

滿洲著名產砂金地。有三處。一在黑龍江省北部。與俄領雅克薩對岸。瑚瑪爾河近傍。名抽特哥地。二在吉林省東北。三姓城東南。泰平溝北三里名皮溝兒地方。三在松花江上流。吉林府南三十餘里地是也。抽特哥於光緒九年。爲俄人所新發見。抽特哥者。鄂魯春語謂金之義也。其產砂金處。地之面積。闊百二十尺。長五里。其已掘採者長二里半。其含金最多處。約四貫（日本一貫約中國六斤左右一兩約九分左右）三百六十匁（按日本匁即錢至其分釐毫等皆約短中國十分之一左右此處所云匁分釐等皆日本量目非中國量目也）之沙中。約有一匁三分五釐九毫。其少者不過一分三釐五毫。雖然。均平計之。凡四貫三百六十匁沙中。出金七分四釐七毫。其含金土質凡在一丈餘之泥炭層下。有四尺八寸餘深。邇來俄人越界竊淘者日增。至冬季多至七千餘人。其所產數倍於俄領阿墨爾州之四處金礦之額。光緒九年。於阿墨爾全洲。計淘出沙金。約八百五十三貫零九十匁二分零八毫。其價不過四百三十三萬一千八百三十三弗。然於抽特哥每人每日採得五匁五分計之。則七千人採之實得三十八貫五百匁。今假百匁爲二百弗。則一日產額。有七萬七千弗。一月產額。有達於二百三十二萬弗之多。以上光緒九年冬季。爲俄人開掘之實況也。後中國政府禁止俄人之竊採。自購淘金之機器。於是有開礦之舉。

銀礦在北緯四十度二十分。東經百二十二度十分。盛京省熊岳河以西之諸山及其他數處。銀礦之位置及產額等。雖不能究其詳細。而觀察巖石之性質。與山脈之向背。而比較於山東及朝鮮等地質。可知其不乏礦物矣。山脈方向。自北而南。或見自東北而西南。如日本臺灣及呂宋諸島。與地脈連絡明也。且據俄國額土伯滿氏之說。滿洲山脈。與南北亞美利加安地及落基二山脈。連亙於子午線一帶。可推知亞細亞東方山脈之形勢。與美國大山脈同時創造。由是觀之。東西半球。雖爲有異。其於大陸礦物。容多符合。如煤鐵各種。以中國美國爲冠於世界。且英領班古伯爾島之磁石鐵。實比於中國北方磁石鐵之多。而北亞美利加哥倫比亞、及加里佛爾尼亞、與太平洋對岸。同緯度之西藏及陝西省。並揚子江上流。實多金鑛。陝西人民。有於河流中淘金爲業者。又如近悉比里各地。及山東省與朝鮮日本諸處。無不富於金鑛也。

風俗

滿洲之西南部。卽遼河水域東西地。因古時漢人移居者多。而風俗全不異中國本部。雖行政上以此地屬滿洲。然終爲中國本部之一部也。淸國始祖興於長白山。席捲滿洲全部。設城塞。駐弁兵。野民居住之地。一變而爲都府。爾後移謫中國本部之罪人。而山東直隸之民。亦復遷徙至彼。於是人口日增。多成村落。從事於耕作職工貿易諸業。自然闢殖民之新疆。而滿人之言語文字。風俗習慣。遂化於多數之漢人。而滿洲本來風尙。漸歸消滅。然住於瑚爾哈河下流。松花江南岸。黑龍江畔與革林河會流處之瓦爾喀人。卽漢人稱爲貢貂部者。又住於黑龍江兩岸。及嫩江右岸之達瑚爾人。住於烏蘇里綏芬等各河水域之鄂魯春人。從額爾古納河東岸。住於興安嶺東麓之索倫人等。卽漢人稱爲打牲部者。諸此種族。從來安於野民之風習。迄今猶未與中國之移民同化也。

滿洲風習。自古肅愼氏時。已以楛矢石砮著於世。爾後雖經數千年之沿革。而其民驍勇。長於騎射。如遼金及淸。皆興於此地。遂統屬中國本部。無非因其驍勇卓絕也。初　淸帝於滿洲規制。以射騎爲常職。不嫻習者。不得列於旗籍。現時風俗。雖漸化於中國本部。而滿人習武術而列於兵籍者。尙依然從事於弓馬也。（按甲午以後弓矢漸廢迄今盡易槍礮矣）據維廉孫氏之說。謂近日本部中國人。漸遷移於滿洲。至於今日。滿洲地方。居山東之移民甚多。就現狀比例之。或漢人三名。滿人一名。甚而有漢人十名。滿人只一名。況此少數之滿洲人。皆從事於農業。及其他職業。風俗漸化於漢人。淆混難判。雖滿人中老年者。尙解滿語。然必兼善漢語。至於少年輩。專以漢人書籍爲教育。惟有一二地方。次於漢人書籍有教授滿字。但所罕見。故滿洲語至今日將有墜地之勢。因漢人組織移民社會。導其本國之風俗也。

滿洲男女之風俗。男子則滿漢無異。女子無裹足之惡習。衣裳及脛。具戴玉笄。敷粉塗脂。同於漢人。而老幼男女。皆嗜煙葉。雖長途遠征。必攜帶煙具。近來殊好鴉片。癮者日多。其搆造房屋。用磚石木材。及瓦。或以土瓦茅藁類蓋之。少高閣層樓。類皆矮小粗拙。屋內築坑。坐臥其上。冬日使炊煙烘暖坑底。藉以禦寒。又設衡門於屋外。殆戶戶皆然也。

滿洲人尤爲質樸。除衣物食器外。別無他好。各都府雖設酒館於街市。而康衢及道路之傍。或以石或以木板。作爲小祠。供祭山川及種種之神。祠前立有若華表者。雖然。寺院雖多。信之者少。但葬儀多用佛式。作佛事耳。
通常之敬禮。最重爲跪拜。次爲揖禮。又次爲拱手。其言語則漢語無處不通。其因滿語而建滿文學校。雖有就而學者。然不爲普通言語之用。惟滿洲官吏應接用滿語。爲欲保存國風也。滿洲除各都府外。村落絕無大者。皆散布之小村落耳。然其位置結搆甚覺齊整。至他日人民繁殖。亦不必變其區畫。其人民之性情。尤爲渟厚。各鄉村有鄉約。與中國本部之保甲同。此鄉約者。專理人民之訴訟。且管納稅事務。其他各都府往來路上。則以站官管鄉村之人民。住於烏蘇里江綏芬河及琿春等處近傍之漢人。自稱爲番子。此稱不知何由而起。當其初滿洲東部。僅有瓦爾喀及鄂魯春之種族。人口甚稀。及世祖定鼎北京以來。中國本部之罪人。謫流此地。其子孫漸繁衍。尚占此地。或搜索人參。或刈取昆布。或培養木菌。營各種之業。繼以山東直隸之民。遷移者多。而漢人遂分土著寄留二種。土著者。永居其地。從事耕作。農家之器。頗爲準備。能闢耕地。耐勞多成功。高粱之收穫最豐。一家貯藏。供給一年之食。無欠乏之患。其他或播種蠶豆、玉蜀黍、大小麥等。或菜園中植胡瓜、蘿蔔、蒜、韭、胡椒、及煙葉等。又有培養人參者。
烏蘇里綏芬等諸河之谷地。除居耕作人民外。常有獵人以獵獸爲業。其房屋頗小。搆造於林間。以便出獵。獵人大抵獨居。或數人同居。爲村落之景況。其房屋形式。與室內起居器用。大約與中國本部直隸省一帶相類。番子之徒。類皆鄙吝貪婪。其有謙讓之風者。不甚多也。

番子衣服。因節候而異其類。大要製以木棉。式長闊。色多藍或灰。其靴或以獸皮製之。或以魚皮製之。形狹長。冬時靴之裏。入以乾枯之烏喇草。柔和而溫暖。頭上戴平帽。腰帶煙袋。冬時外面穿獸毛短衣。帽以貂皮爲之。其有用鹿皮者甚稀。番子有鄉約。均選舉之。定以年限。屆期交代。其外有部長。統轄各村鄉約。亦公舉之。俾裁判竊盜及其他諸罪。

自什勒喀河與額爾古納河相會處。至於瑚瑪爾河注入黑龍江處。凡十六海里至二十海里間有鄂魯春人。及瑪湼克爾人。其漢人則皆爲打牲部。鄂魯春人之騎乘。皆使用北鹿。瑪湼克爾人用馬。此地人民。衣服風俗人情。皆爲滿人之影響所及。至鄂魯春人及瑪湼克爾人之方言。則與住於貝加爾湖畔及勒那河域北部之通古斯人相類。雖然。細聆之。其內亦稍有區別也。

鄂魯春人及瑪湼克爾人。軀幹皆短小。長大者稀。而體格亦少肥壯。手足甚細。故至有幼兒之形狀。腹部突出。殊爲醜惡。鄂魯春人面平扁而頰廣。鼻大而尖突。口大而脣薄。眼珠黑色。或帶黃色而小。髮深黑色。鬚髯爲薄黑色而甚多。是其區別於瑪涅克爾人處也。衣服之貴重者。以穿綿布長衣。或獸毛半身之短裘。長靴革袴以爲美服。然有以北鹿皮纏足脛者。身帶日用之品。若煙管、火石、耳爬、鑷子、等此諸品外。尚有裝飾硝子及中國通用之錢爲附飾。男子則嵌鐵環於左手之指拇。爲拳鬬之要器。鬚髯獨老人蓄之。其餘皆與滿漢人同。

女子之衣服裝飾。與男子同。惟不帶利刀耳。又婦女喫煙。不讓男子。故煙具常攜帶也。至冬月皆穿長裘或短裘。

鄂魯春人及瑪涅克爾人。雖營行獵之生計。然常有一定之永住居宅。時時歸家。其獵回時。將所獵獲者使馬或北鹿馱載。故鄂魯春人及瑪涅克爾人。以馬北鹿及犬爲家畜之有用者。此種族常搆造圓筒形之帳幕。居住其中。其製柱梁以樺樹皮包之。屋上以北鹿皮包之。其主人待賓之禮。初迎賓客於帳幕。後導至深室。蓋禁婦女入之。如亞美利加銅色人種之風俗。先薰煙葉以待之也。帳幕之內部。與住於貝加爾湖近傍之通古斯人。一無所異。此種人皆不用手巾。而用樺樹皮。又以樺樹皮製各種物品。

瑪涅克爾以漁獵爲業。其漁舟爲輕便小艇。長六尺至八尺。其楫似飯匙狀。用以運動其舟。甚爲靈便。其舟之大小。準於舟人之數。舟外以樺樹皮包之。其舳艫頗便進退。瑪涅克爾人之家。每有木桿供曬乾魚肉及獸肉等之用。又於稍隔帳幕處。設物品貯蓄所。每當逐水草而遷徙時。其不用諸品。悉藏於此。無人竊取。及其再歸。物品無一損失。至其武器則鄂魯春人及瑪涅克爾人。均已用火槍代弓矢。技術頗精。雖飛燕之眇小。亦無不應彈丸而下。土人所得毛皮。多北鹿、熊、鼬、貂、栗鼠等。其獸肉爆乾之以爲食料。蓋外國人無得食之者。又有連貫曬乾之百合類。亦土人之佳味也。

鄂魯春人及瑪涅克爾人。一夫常娶一婦。至其婚嫁之年齡。有從幼置養於家中者。死亡者常埋葬於帳幕之近傍。墳墓上建四方形之小屋。或只設廡庇之以覆風雨。此小屋如黑龍江下流之通古斯人。有以種種彫刻物裝飾之。鄂魯春人及瑪涅克爾人。以春夏二季之漁業。得最大利益。其魚類中以鰉魚爲第一巨獲。時有四貫重之魚鰤。瑪涅克爾人所漁獲之魚類。或充食用。或鬻於市。平均所得之魚類。以重四貫之魚。可換得黑麥粉六貫也。又以精利之魚叉。於天氣晴朗之日。以一人登河上突屹之巖上。以窺鰉魚之過。其同業皆準備漁叉。放舟河上。從其指揮。以追蹤游魚。見魚則投叉捕之。必期捕獲。然瑪涅克爾人漁術雖巧。而鄂魯春人之獵術。亦不讓之。鄂魯春人獵獲之栗鼠數百頭中。無一銃丸不中於頭部者。其獵獲獸類。設種種之方法。試舉其一。則即置設自發之機具。（即弩華）藉以斃獸。因附毒於矢頭。故毒氣及獸身。易以腐敗。但鄂魯春人食其腐敗之肉。並不覺其有害。至住於中部黑龍江邊之瓦爾喀人亦施用此術。其風俗人情與通古斯人頗相類也。

住黑龍江之右岸璦琿近傍地者。爲鄂魯春人。與他處鄂魯春及瑪涅克爾人大有所異。其進化階級高出數等。非他處行獵人種可比。其人爲土著而永居其地。受中國之影響最多。不僅衣服與一切生計風俗同也。而於宗教上思想亦爲開通。是蓋於清國創業之時。降於滿人。編入八旗。以滿人同一待遇。因居住之近傍。牧養家畜及羣馬。家居周圍有菓木園及菜圃。其廣闊之耕地。爲培養麥類。用以製麵包等。此他處鄂魯春人所不能知也。其他一切風俗日用習慣。無不與中國人同。但其居處或有爲圓錐形之帳幕。或尋常之房屋。帳幕之頂。以樺樹皮及茅茨等蓋之。或以粘土造屋。又於培種大豆、煙草、菜蔬處之畦圃。建木造之小屋。園圃之中央。以粘土建家屋。有長三四間（每間六尺）者。屋宇以茅茨葺之。室內佈置。皆與中國人無異。

至達瑚爾人。雖通常以耕作畜牧爲業。而其最要者。固亦在漁業也。是以常造小舟。爲漁業之用。其漁也。用網鉤鉾三具。達瑚爾人雖奉佛教。然亦有奉薩滿教者。故達瑚爾人之居宅。作小堂子於外面。安置偶像。置香爐於其前。祀奉時以桿翌於屋上。桿之尖端。懸獸肉及頭。以旌旗馬毛等裝飾之。室前置案。載祭祀品物。詣者伏地而爲禱祈。

於三姓地方松花江兩岸至烏蘇里江岸。及穆稜河注入烏蘇里江處。皆爲瓦爾喀人之居處。俄人瑪克氏區分此種人爲兩種。卽居於至烏蘇里江口之地者爲和禪人。其繁殖於穆稜河畔者爲吉連人。

瓦爾喀人於溪流及通小川廣闊之山谷。或山岳傾斜。或山麓周擁平野。其處必見有村落。然夏月之居住者。反多建設於河岸之低地。冬月之居住。皆以粘土而塗外圍。夏月之住屋。以樺皮作之。瓦爾喀人之村落。無論大小。形狀悉同。一無相異之處。此等村落。必有曬魚類之場地。產於此地之魚類。與費牙喀人漁獲者同。卽鱒及鰉魚等是也。瓦爾喀人冬月之食物。以乾魚及黍爲最良。

瓦爾喀人夏日居住處之帳幕。常建於瀕河岸低地。至冬月轉徙於他地便於獵業處。其他一切起居風俗。均無異於滿人。其於瓦爾喀人村落。時有懸漢人所畫粗劣之畫。常以貴重之貂皮二三枚換得之云。

於瓦爾喀村落中。往往建設標柱。其頂如人頭者。刻眼鼻口。其表面由上部至下部。悉刻粗惡動物之形象。又標柱之四周。又其左右建二桿。一爲鳥類彩色之形象。一有如四足動物之形象。雖然。瓦爾喀人常飼豚。若其他之通古斯人。則絕不見也。然此豚也。日以魚類爲食。故其體生臭可厭。不可以供食用。又瓦爾喀人常爲防鼠。飼養滿洲人持來之猫於屋內。滿人恐其繁殖。失養猫貿易之利。故賣於瓦爾喀人之猫。常牡牝不交賣云。

瓦爾喀人膚黃色。顴骨聳秀。一見便知與滿洲人相異也。彼等甚好種種翫物。亦與滿洲人爲異。且男子雖有耳環之風。而耳環以銅製之。嵌美麗之寶石。婦人耳環亦然。幼女則常貫於鼻。殊可爲異。然其他風俗。如辮髮左衽。皆與滿洲人同。瓦爾喀人容貌類皆溫和。而少鬚髯。然有強悍之風。小兒容貌甚可愛。婦女常現羞恥之狀。語音舒長。爲此種人特異之證也。

居住於黑龍江畔之瓦爾喀人。常從事於漁獵。以所獲之禽獸魚類。年年運於三姓貿易其要品。三姓商人因分其形狀而附種種之名稱。如稱長髮子。或稱魚皮套子。其住於烏蘇里及屬於小興安嶺黑龍江畔之瓦爾喀人。衣服房屋之製。大抵由滿洲人傳習。與之不異。惟屋外建木造之小屋。以貯藏乾魚爲異耳。住此處瓦爾喀人之數。比滿洲人數爲多。瓦爾喀人有愛敬之心。父子兄弟夫婦之間。甚爲親愛。有衰老而不能執業者。子弟保養之。無失禮也。

婦人常在屋內看護小兒。男子出外執業。總之瓦爾喀人性平和。少干法紀。以夏漁冬獵爲職業。然村落有園囿。以栽培種種野菜及煙草等也。

河冰融解之初。皆從事於漁業。是時細小冰片。疊疊流下。故魚類多入於水灣。然水層增加。不便用大網。故用圓罟。其圓罟繫以一繩。挽之則漸次收合。而魚類皆入罟中。然後還小舟以捕之。用此法捕魚最多。及秋季河水將冰。水層減少。乃用大網捕之。卽土語呼斯那齊斯也。至夏時別用魚叉捕之。瓦爾喀人用叉甚巧。投而不中者殆稀。

瓦爾喀人多居水邊。發明一種小舟。名曰艆舧。長二十尺至二十五六尺。廣不過二尺五六寸。兩端高出水面。船底以堅固之木質造之。覆以樺樹皮。櫂之甚輕。進退自如。

瓦爾喀人漁業急忙之時。在九月中旬。鮭魚上時。此魚土名給打。漁人攜網及魚叉等。競赴於河岸以捕之。以魚爲一年家口及獵犬之食料。此時白尾鷹飛翔河上。時食死魚。至貯蓄魚類。乃婦人之職。其法曝魚於日中。使乾。更用鹽漬之。其臭氣實甚。河水結冰後。瓦爾喀人之壯者。以獵貂皆入山林。而廢漁業。惟家中老弱婦子。有穿河冰而垂釣者。坐於冰地上。把竿時上下之。其餌不使之靜。捕之最多時。得四五貫至八九貫云。然須耐忍兼强健。蓋自朝至夕。飲寒風而坐於冰上。寒氣甚時。竟至勒窩米爾氏之寒暑儀零度下二十度以下也。

瓦爾喀人獵魚之外。以獵獸爲最要。獸中以貂爲貴。當天寒降雪。河冰既堅。準備篷帳食料。及一切要物。載以輕便之雪車。駕獵犬而行。聚集諸獵戶。分到各處溪谷。選定獵場。至夜張篷帳。諸人皆宿其中。及天明。互出獵。至夕。又歸集於帳中。其出獵時。常祭所信仰之神。其神爲太古之人。名貌爾罕。其肖像或繪於紙。或繪於木板。施彩色。至獵場。供其肖像於篷帳中。祭之而祈巨獲。若得巨獲。則殺猪或犢。灌燒酒於神像。供獸脂及麥飯。爲述其報謝之辭。初冬降雪尚少。獵人皆用犬以探貂。犬見有貂。則高吠樹內。待獵人來。其時貂緣樹而逃。甚速。然良犬終能躡其踪。至貂停止處。遂更吠之。獵人知之。因斫倒其樹。時貂或走於穴中。或匿於巖下。其入穴中者掘之。匿巖下者以煙薰出之。獵貂時若逢他獸。則亦獵之。其有爲害者則爲虎。動斃獵犬。又有迫獵夫寢臥之篷帳。故瓦爾喀人畏虎如鬼神。若見虎時。雖距甚遠。輒屈膝而祈其救助。且拜其足趾。願散其威猛云。

至降雪多時。則使用獵犬甚難。故瓦爾喀人用他法以獵貂。當冬春之交。爲貂出遊牝牡相求之時。其足跡追走。相續爲一線之路。以是瓦爾喀人。置伏弓於其路上。凡行過之貂觸之。則其伏矢自發而貫貂。用此法而捕獲者尤多。且省獵人捕逐之勞。蓋獵人每隔一晝夜。巡視一次。其餘常坐臥於篷帳中。此外又有便捷一法。則知貂之性質。逢有倒木。必由之而行。瓦爾喀人乃於貂足跡最多處。於倒木上作通路。其上懸木丸。置魚肉或獸肉以餌之。貂來此者。必走倒木之上。入於通路內。食其餌。被木丸所厭殺者不少。此法皆爲蘇里江近傍土人之所用。亦可捕狸及兔類云。

瓦爾喀人關於獵獲物及貯藏品等。頗有正直之行。獵夫之出獵也。其帳幕內所獲之貂。及各種糧食。無一人看護之。同業者來此。不盜一品。因其風習。凡帳幕無人。其食物可飽食之。而不得攜去。至非獵人而來此帳幕。盜其物去。則物主必搜得之。以銃擊殺。蓋此懲戒。影響及於獵夫。可使其無竊盜者也。

瓦爾喀人獵貂。自陸路出行者。冬末返家。自水路出者。待河冰融解而後返。各人獵獲。每年其數不同。其少時每年不過貂皮五六枚。多時每年有十五枚或二十枚。年年貂之增減。如鼷鼠及猪山羊以爲遷移。蓋爲是遷移。係其土地有種種之理由。例如地面已冰。而有降雪時。掘地不便。則移於他之便地。又金松實熟之時。諸方鼷鼠。羣集其處。貂亦以次來集。食其果實也。

瓦爾喀人以獵獲貂皮。償債於漢人。初由漢人借與者。爲火藥鉛丸麥煙草鹽等諸物。因償還之。不得不盡與以所獲之貂皮。已而復借。則又以來年獵獲物爲抵。以負債於漢人。恍如爲其役使者。瓦爾喀人之獵獲。雖售於他人。可得高價。然以負債於漢人。不得不售與漢人。漢人以己之鑑定定其價。一枚貂皮。約七角左右。又漢人亦因償負債。以其貂皮數枚。與於俄商。其餘則發售各地。

政體

滿洲爲大清創業之地。其制度亦存舊規。自與本部中國有不同者。天命十年。太祖由遼陽遷都於盛京。以滿洲爲首善之區。爾後世祖遷都於北京。以盛京爲留都。建奉天府。順治十五年。始設府尹。爾來官制及治體。雖經更革。然猶未改其大體。茲如三省各置將軍一人。其下分置副都統城守尉總管協領等。以管轄八旗人。

盛京省因廢前明諸衞。置府廳州縣。統屬於府尹。盛京省奉天府爲三省中之首府。而將軍及府尹衙門以外。有戶禮刑兵工五部衙門。此五部專司滿洲事務。略與北京之六部不異。但其權限狹小耳。現在滿洲人民。漸形繁殖。新設有府廳州縣。故有倣本部中國行省之制。今將滿洲之所設官述於左。

將軍　三省各置一員。權甚大。屬下有主事筆帖式等。分掌事務。

五部

五部衙門。設於盛京省奉天府。各部皆置尙書。其次置侍郎一員。置郎中員外郎主事筆帖式等之屬員數十名。使分掌事務。

戶部

掌諸稅及出納之事。

禮部

掌陵寢及祭祀之事。

兵部

掌軍事郵驛及其他官吏銓除等事。

刑部

掌八旗人民其他邊外蒙古刑法之事。

工部

掌陵寢衙門營陣一切營繕之事。

奉天府尹

行巡撫事。兼任提督學政。其下有同知通判教授經歷司、獄巡檢大使等屬員。分掌事務。

道員

駐紮於三省之各道員。有四缺。屬於府尹。受節制於盛京將軍。即山海關兵備道。奉天驛巡道。東邊兵備道。吉林分巡道是。

打牲烏拉總管

爲內務省所特派。駐紮於吉林省之打牲烏拉城。在松花江掌採珠之事。

驛站正監督

掌滿洲各驛站之事。副監督一員。助其事務。又有驛丞數員。分駐各驛處。

東三省武官大略如左

盛京省

副都統四　盛京副都統　金州廳副都統　興京副都統　錦州副都統

城守尉及防守尉九　開原城城守尉　遼陽城城守尉　鳳凰城城守尉　岫巖城城守尉　廣甯城城守尉　牛莊城防守尉　蓋州城城守尉　熊岳城防守尉　復州城城守尉

吉林省

副都統六　吉林府副都統　甯古塔城副都統　伯都訥城副都統　三姓城副都統　阿勒楚喀城副都統　琿春城副都統

黑龍江

副都統六　黑龍江城副都統　齊齊哈爾城副都統　墨爾根城副都統　呼蘭城副都統　呼倫貝爾城副都統　興安城副都統

三省之府廳州縣數如左（按此乃甲午時之情形迄今稍有不同矣）

盛京省

府三　奉天府　錦州府　昌圖府

直隸廳一　鳳凰廳

散廳三　新民廳　金州廳　興京理事廳

州五　遼陽州　復州　甯遠州　義州　岫巖州

縣十四　承德縣　海城縣　蓋平縣　開原縣　鐵嶺縣　廣甯縣　懷德縣　奉化縣　錦縣　康平縣　安東縣　寬甸縣　通化縣　懷仁縣

吉林省

府二　吉林府　長春府

廳四　雙城廳　伯都訥廳　賓州廳　五常廳

州一　伊通州

縣二　敦化縣　農安縣

黑龍江省

廳二　呼蘭理事廳　綏化理事廳

宗教

滿洲宗教。除薩滿教外。不論古今。皆由中國本部來者也。薩滿教爲通古斯人所信奉者。現時在俄領東部悉比里。至黑龍江及烏蘇里江之野民中。甚有勢力。然若歸化於滿人之索倫達瑚爾及喀瓦爾人等。漸化於滿洲風習。其信奉者亦漸少也。

佛教弘通於滿洲。於高句麗國之時。聘西域之僧。以弘通佛教爲始。卽漢人晉代時也。爾後遼金興國。建設佛寺。尊敬僧侶。見於歷史。其於道教亦然。在唐代入高句麗事。亦見於歷史。現時人民奉此二教者甚少。是因清國之制。禁僧侶及道士等聚集人民而募化也。至於喇嘛教及回回教於滿洲。信者甚多也。

喇嘛教及回回教入於滿洲。其在何時。雖不能詳。然於清太祖時。由西藏之達賴喇嘛。稱曼珠師利皇帝。每歲獻丹書以表尊敬。最爲親密。此其所以使蒙古與滿人同深崇仰者乎。

回回教雖不爲清帝所尊敬。然未嘗禁之。有信仰者聽其自由。回回教徒在滿洲爲東干派。俄國某氏之說。謂回回教至滿洲。由政府移殖之。此說未知實否。然中國北部。回回教徒。殆無處無之。自唐宋以後。由西部漸移於中國東部。回回教徒容貌與漢人無異。其異處爲具勇壯之氣質。有節儉之性情。如歐洲猶太之教徒。嫉與他宗派相混者。吉林伯都訥阿勒楚喀三姓等爲東干人居住最多處。阿勒楚喀住民。四分之一以上。皆東干人。其族千八百戶有餘。到處皆建回回寺院。東干人與滿洲人中國人不甚親睦。動起爭鬬。中國人往往爲復仇。至毀破其寺院。

如耶穌新舊教。布於滿洲已數十年。然未見其盛也。

薩滿教今為東部悉比里亞古德人所奉者。在滿洲為索倫達瑚爾瓦爾喀人等所奉者。據北盟錄云。金以女巫嫗為薩滿。或曰珊蠻。則金之時。滿洲人已奉薩滿教矣。

薩滿教為自然現出於民間乎。抑由他人民傳來乎。雖不能確定。然據亞古德人之言。薩滿教未行時。無所謂宗教者。宗教之傳。卽薩滿始也。然彼薩滿者由何處授其教耶。又其出現在何時耶。亞古德人亦不能詳之。薩滿教師。卽巫類也。為一切之祈禱。謂常有魔鬼附屬其身體云。滿洲之說主神。有統治全世界無量之知能。不現其形體。坐於最上之天。在地上者。皆其驅使小神。薩滿分天為七層。造物主住於最高之天。其他諸神。皆住於以下諸天。

諸善神名亞伊。諸惡魔名亞巴綏。人之靈魂。亦無更異。惟因其善惡之行事。而變其性質耳。因行事有善惡。故住於天上亦各分階級。其惡行之甚者。墜於無底地獄。

薩滿教立三界。上界曰巴爾蘭由爾查。卽天也。中界曰額爾土土伊都。卽地也。下界曰葉爾羌珠幾牙幾。卽地獄也。上界為諸神住所。下界為惡魔住所。中界卽人類繁殖之地也。中界人死去時。其靈魂因生前之行事。而轉遷於他界。

魔鬼爲世界司罪人之罰者。然恐其恃威而爲虐行。故造物主遣他諸神。防遏其惡行。以保護人民。使魔鬼實施主神之命令。彼魔鬼常不爲善。而薩滿常向主神前祈願平和之事也。

薩滿爲魔鬼之奴隸。將來之惡魔。然其靈魂未離身體時。能覺將來。祭人心。療疾病。是等事皆受魔鬼之囑託也。薩滿雖住於中界。而有需要事時。因委託魔王。可得上升上界。下降下界。若欲爲惡事時。可直向地獄呼其所欲之神。而其神卽從薩滿之命。向人加害也。

薩滿各從古時有祖先之系圖。其始祖在地獄。以其子孫爲魔王之護衛。親近魔王。而得請其援助。據薩滿教之說。人之靈魂。因生前之行事。死後可成鬼神之作用云。又生存時。雖夢寐之間。其靈魂亦離本體。向各處徘徊。人之罹病者。卽靈魂出遊時。爲魔鬼所捕獲。久不釋則其人必死。然得薩滿祈願於魔鬼。反其靈魂。得使其病告痊。故信奉者常於病時。依賴於薩滿。薩滿施其祈禱。病痊時則受其酬報。若不愈。則誑曰。因其獻祭。不適於魔鬼之意。故其靈魂不得釋云。

薩滿之外。又有女薩滿。名烏答看。與薩滿同爲魔鬼之奴隸。烏答看不如薩滿之有勢力。其位在薩滿之下。惟豫言及探失物求盜品時。以依賴之。又能醫精神病。故亦專敬之也。

薩滿烏答看。非特受人民之尊敬。又爲其所畏怖。蓋恐其障害也。且謂其不惟障害而已。幷能作惡。傳種種之疾病於人而殺之。故凡有病人。聘薩滿時。殊極鄭重。其送薩滿。乘以四輪車。薩滿在車中不坐。如病者之臥。信奉者於路上謹奉侍之。務求其歡而後已。

昔時薩滿之死。其屍葬於樹上。遺跡至今有存者。蓋葬於樹上之法。選大樹之枝葉繁茂者。伐其枝。穿穴於樹幹。以可納屍爲率。今於樹幹之空隙中。有鐵製之鑵子。木製之食匙。及斧小刀手鼓之破朽者。又棺中有腦蓋之破壞者。及數片殘骨。幷鐵片銅片。蓋爲薩滿之裝飾衣服等具也。

製造（按此下所說皆十年前情形迄今容有不同處）

滿洲土地廣大。雖然。以文化不開。民生之活計不進。加工業不過供日常之需用耳。今舉其一斑。重者爲食鹽火酒磚瓦火繩銃馬鞍席農具等也。

盛京省之製鹽場。屬於蓋平縣。各處收稅局。皆盛京道管轄之。

火酒到處皆有製造所。人民需用甚多。且在滿洲以此商業爲最盛。其爲此業者。往往致巨萬之富。就中如牛莊之水性。適於釀火酒之用。故此地之火酒。遠近著名也。

海城縣有鴉片製造所。發售鴉片甚多。

磚或瓦之製造所。於滿洲中市之近傍。必有二三所。爲建築用。故供給尤多。

熊岳有製絹所。以製造絹布。

盛京及吉林府。有製火繩銃。其製甚粗。

齊齊哈爾城製出者。爲馬鞍及鐵象眼之覆輪。又製瑪瑙石之煙管嘴。皆爲此地有名之製造品也。

屬於官設者。爲吉林府之機器局。並火藥製造局。機器局在吉林府東松花江左岸之平沙原。而與火藥局隔江相對。規模稍大。

機器局。光緒八年。爲欽差大臣吳大澂所創設。爾後屬於吉林將軍。局內機器殆全備。目下以總理一名。幫辦一名。督察一切事務。

銃工廠製造擡槍。並中心打之吉林騎銃。又有改造鳥銃爲管打者。有四十馬力運轉之汽罐。第二室備六十馬力之汽罐。第一室並置四列之機器。第一列有造擡槍之小機械。第二列有製造銅製之藥莢機器一臺。其他製造銃身機器。製造雷管機器。各有八箇。皆十二三歲之幼童爲執役。第三列爲整備機器。第四列皆爲鑄圓彈處。是皆供平時把靶者。又有戛杜林礮。而製式有兩樣。一鋼鐵造銃心。其外部卷黃銅。其口徑同於普通之小銃。一口徑稍大似擡槍。並無施條。皆備於琿春、三姓、等之礮壘者也。

一廠有木工鍛鐵之二場。北半爲鍛鐵場。南半爲木工場。鍛鐵場爲鍛鍊擡銃。木工場製造各種箱類。礮車。運送車。及擡槍小銃等之銃牀。其所用之木。皆用胡桃樹。其木質雖不堅緻。恰能耐久。產於滿洲森林中。第二室多製造圓彈。爲平時把靶之用。至戰時必用尖彈云。

於光緒十三年。局內初製二十五噸許之汽船。此船爲從松花江交通於黑龍江之用。滿洲製汽船自此始。

局之周圍。繞粗笨之木柵。祇南門稍爲壯大。正面題吉林機器局五大字。而工場屋上。以黑色煉瓦鋪之。廠屋低而不明。

火藥製造局。在機器局對岸之高陵上。繞有白色圍牆。其內有大屋二幢。裝以藍色。其工事甚忙。東北隅有一大煙突矗立。其西側置火藥庫。裝以白色牆壁繞其周圍。遠望最爲壯觀。此地在府之東南。形勢雄壯。遠勝府城。此局爲光緒十一年所創設。

貿易

滿洲內地之貿易。不過輸出天然之產物。輸入人民日用之品物耳。居民未能繁殖。而製造之業亦未盛。卽貿易之景況。除二三都府以外。其餘甚屬冷淡。至其天然之產物。卽木材、雜穀、藥料、獸皮、藍靛、綿麻、青麻、鴉片、家畜、石炭、鐵、砂金、等也。

木材由盛京之東部。及吉林之南部。卽鴨綠江一帶之諸窩集斫採之。由大孤山港。輸出於中國本部各地。故大孤山之木商。冠絕於他之商賈。巨商有二十戶。於中國本部貿易。每年不下二十萬兩。自天津及南方來之木商。先至此地木商家。又至於大東溝檢定材木。約以證書。而後輸送之至雜穀產於鳳凰城近傍及安東縣地方者。亦由大孤山輸出。每年約計三十萬兩以上云。

營子口有油房二十餘戶。每戶雇役人百餘名。牲口百餘頭。取豆類以榨其油。其油滓曰豆餅。此豆油豆餅輸出於各地。年計不下五六十萬兩。又豆餅可飼養牲口云。

由皮子窩營子口大孤山等諸港。輸出之藥材。以黃芩、黃耆、黃柏、益母草、細辛、芎藭、白附子、五味子、熊膽、鹿茸、鹿角、人參等尤多。如藍靛、綿麻、青麻、棉花、鴉片、蘇油、煙草、麥粉、蘑菇、等。亦輸出中國本部之各地。而有聲價也。

由吉林省輸送於北京之豕。四季皆多。每年至於十萬餘頭。牛羊雞卵等。經琿春而輸送於俄領海參崴。獸皮亦輸出於中國本部。及海參崴者爲多。有狐皮、沙狐皮、貉子皮、羊皮、狗皮、貂皮、狼皮、水獺皮。灰鼠皮、猞猁猻皮、豹皮、虎皮、等。皆良好而價格高貴者也。

黑龍江省多大麥、小麥、高粱、粟、菽、稗、藍靛、阿片。煙草等諸物。且出獸皮。不讓於吉林省。就中快鹿皮。滿漢武官愛用之。謂作軍服。能禦銃丸。又呼倫貝爾之馬匹。爲有名可用之軍馬。產於省內及蒙古之牛羊豚雞等。常聚集於齊齊哈爾。輸送於黑龍江城。售與伯拉照夫琛斯克府近傍之俄人者頗多。楚爾罕有兵庫之處。在齊齊哈爾城北一里。每至草木萌芽時。蒙古各部落及土人胥來通市。爲定例。商賈移肆。愛琿墨爾根之屠沽。亦來集。輪蹄絡繹。獸皮山積。牲畜蔽野。畫沙爲界。各部落駐於北。官員官吏駐於南。中央置警兵。將軍出示。選其美物爲貢。其餘皆聽貿易。凡二十餘日而各散。

煤、黑煤產於遼陽岫巖金州及鐵山島。各由船舶輸出各地。鐵礦亦產於遼陽鐵嶺鳳凰城等處。而輸送於各地。

滿洲雖土地廣大。巨江細流。達於四方。水利便通。殆連絡三省。然安於舊習。不知利用水運之便。故百貨運送。皆以陸運。於是各城皆設鏢局。擔保貨物之運送。然在黑龍江省。運貨之事。皆營業者自爲之也。

黑龍江省之齊齊哈爾城。爲貨物輻輳之要區。遠近之畜類穀物等。先聚集於此處。然後輸出於俄領阿墨爾洲。其陸路經墨爾根而送於愛琿。途上輪蹄絡繹。冬季尤爲繁盛。由齊齊哈爾至愛琿百三十餘里。其輸運用大小運車。至於冬季。駕六七馬之大車。可裝載二千斤。駕四馬之小車。只裝一千餘斤。約十五日可達。至夏季。雖道路有坦險。大抵不過二十日云。由齊齊哈爾。溯嫩江至於墨爾根。水勢甚大。每年待冰解時。商船載萬餘斤泝之而上。故嫩江之水利。與便益於下流之人民不少。其由墨爾根以北三十餘里之上流。伐出材木。冰解之後。卸於嫩江。經二日。得至齊齊哈爾等各地。

由呼蘭河官倉。每年以船十艘。輸送糧食於墨爾根愛琿等地者二次。一船所載。大概八十石。呼蘭及巴彥蘇蘇一帶地方。土地沃饒。而耕業大進。穀類麻類等極多。皆從松花江之水利。輸出於俄領沿海州。

瑚爾哈河水流甚疾。常有漩渦。舟行頗困。土人有言。無風三尺浪。可知其激湍奔流也。故以粗笨之滿洲船。溯流上下。安得不困。然此河合於松花江之河口。則因水域廣闊。無風波之患。宜於船舶之碇泊。三姓城卽在此合流之東北角。帆檣林立。後日用汽船而行。亦可成一繁盛都會也。自三姓往來船隻。因年之豐損。而爲增減。大船間有載十五萬斤之貨物。然大槩載八九千斤之船爲多。自三姓至各處。日數多少。因風之順逆。及水之增減而定。然其大略由三姓至俄領發巴羅夫加。水路二百五十海里。下之時八日至十五日。上之時二十日至一月。至於俄領密哈伊魯色苗挖爲百三十三海里餘。下之時四日至八日。上之時十一日至十五日可到也。

由三姓至呼蘭百十六海里餘。上之時約十五日。下之時約十日。至齊齊哈爾四百十六海里餘。上之時約一月。下之時約十五日。伯都訥以西。航駛不便。順松花江而溯黑龍江。至於愛琿。五百海里間。上下約三十五六日。是因黑龍江之水勢强盛者也。其至甯古塔。八十二海里餘。上下約十餘日。

光緒四年。俄國汽船安土列。再溯於松花江。碇泊於三姓。進經巴彥蘇蘇之南。至於伯都訥。欲更溯於吉林。以水量少不果。然有謂當同治間。有俄國汽船。溯松花江。泊於吉林城外三四日。滿洲輸入品之爲主者。爲木綿織物、毛織物、紙類、陶器、綢緞、玻璃、鐵製器物、海菜、海參等。此輸入品。大概皆歐羅巴人之船舶運來。而獨握其利。初到營子口。次第運送於滿洲各地。

滿洲中貿易盛處。爲奉天府、錦州府、昌圖府、長春府、吉林府、伯都訥廳、甯古塔城、阿勒楚喀城、齊齊哈爾城、呼蘭城等。次之爲鳳凰城廳向朝鮮通商之要路。琿春城接朝鮮咸鏡道一帶。通俄領波西圖港之要路。其屬貿易之要地。則黑龍江城與對岸俄領伯拉照夫琛斯科之貿易場也。然俄屬之阿墨爾州因殖民寥寥。產業不興。凡日用食品僅仰給滿洲內部。向滿洲輸出者少。三姓城有益於俄屬發巴羅夫加府不少。因松花江之水利。常爲貿易之所也。

自俄屬海參崴港之日本商店。輸入滿洲內地之重物品。爲織物漆器陶器精米磚茶肥皂木燧紙類刀劍製藥等。其銷數有增加之勢。然以是等諸品。係富裕者所需用。故不爲貿易之大宗也。

俄屬沿海州之海岸及薩哈連島西岸。每年刈取海菜之收額極多。以此爲業者。大槩中國之脫籍民及寄留商人。納若干稅於俄國政府。而後刈取之。冬季由陸路。自琿春轉送甯古塔城。或乘外國帆船。或乘中國船。運送於煙臺。光緒九年。中國人所刈取之海菜。價逾二十萬兩。其他漏稅而竊刈者尚多。合算之。其價值頗鉅。

薩哈連島之海產。係英人某之專業。納若干之定稅於俄國政府。每年以中國船並國外帆船。運入於煙臺並營口。運入此兩港之海產。以俄屬沿海州並薩哈連島之所產爲第一。如日本海產。皆經上海而轉送者也。

滿洲產物。將來可爲貿易品者。如西部所產之羊毛及皮貨。中部所產之煙草等是也。煙草其質最良。而其產額亦多。其他著名之產。如吉林省西部之藍靛、阿片、豆餅等物。又吉林省東北部所產之鹿茸人參及各種藥材。其聲價尤貴。

今言滿洲各城與俄屬海灣之距離。並陸路搬運之便益。比較其經營口及山海關陸路達於滿洲內部之道程。俄人於滿洲貿易上。有特殊之權利。由營口至吉林府。凡一百八十里。（當係日本里數）又抵甯古塔二百九十六里餘。又由山海關至吉林府。凡二百六十里。至甯古塔三百三十九里餘。然俄屬波西圖港距吉林府凡百六十里。距甯古塔凡百里。甯古塔距海參崴百二十六里。由俄屬波西圖至吉林府。與由營口至吉林府。其遠近大抵相同。雖然波西圖與甯古塔間之里程。較之營口與甯古塔間。則近百六十九里。較之山海關則近二百三十九里。加以黑龍江之航運。而連絡滿洲內部。松花江之水路。其便實多。故俄國參謀大佐巴拉巴錫氏於光緒十一年秋。旅行滿洲東部時。謂俄國於滿洲貿易上。有得天然之權利者。當時建言於政府。申明滿洲貿易不可不開之故。其畧曰。我波西圖灣與彼之營口。雖可與距吉林府陸路之程途相比。然彼之官道。既有搬運之順序。整頓必易。我不能與之競爭。然我尼古來斯克港若連接黑龍江之水運。直達松花江。以利用其航路。則其便益實遠勝於營口。況此航路可直達於吉林府耶。其外以有他運路。而營口之輸運。我終不能競爭。是卽由海參崴連絡烏蘇里江之航路。由黑龍江更及於松花江之航路。以通於吉林府者是也。以上兩港。實付與天然之特權於我者。欲圖東方屬土之興盛。決不可棄此特權。宜速開運路。醒滿洲官吏之迷夢。除却其妨害以利彼我之民生。若今日不計及此。我俄國永不能握此滿洲貿易之特權云。

注意於滿洲貿易者。如先鋭意注目於此之俄商某。卽夙欲開松花江之通運者也。然受滿洲官吏之阻。遂未能達其志。苟使俄國朝野人士。倶注意於此。欲利用此特權。則決行之期。必不遠矣。

松花江乃東北滿洲一大水路。因通運便利。故位於江岸之吉林、伯都訥、阿勒楚喀拉林、呼蘭、三姓、又位於其支流嫩江水域之齊齊哈爾墨爾根等諸城市之富源。又爲之大啟可得輸入他邦之貨物。其致富之物爲穀類及家畜二種。想東部西比里人所屬望者。當亦不外乎是也。

區分 幅員人口

滿洲區分爲三省。位於西北者曰黑龍江。其東南曰吉林。西南曰盛京。至各省之區分。除盛京省外。大概置武職於各城。使統轄軍民。與中國本部之建治不同。輓近以來。移民漸繁。聚居成村落者。所在皆是。新設廳及縣。特置文職以爲民治。滿洲地方之施政。他日必與中國本部之政治同一。今分各省之幅員如左。

各省	幅員
盛京	一五、一九一
吉林	一三、一九一
黑龍江	三五、二八〇
計	六三六六二

滿洲人種。爲滿洲人、本部中國人、東干人、瓦爾喀人、賚牙喀人、瑪涅克爾人、索倫人、達瑚爾人、鄂魯春人、滿琿人等各種族。其人口雖不得確實調查其數。然觀往年中國政府所編查之戶口册。及推算各經歷者之紀行報告等。分其人口大約爲一千二百萬。輓近鴨綠圖們瑚爾哈等水域。如鳳凰城甯古塔琿春等處。自中國本部移住人民之多。凡經過此地者。無不知之。然此移住之民。所謂無籍之徒是也。中國政府曾編查滿洲人口。合此

等移住民而計之。約至一千三百萬以上。今滿洲人口爲一千二百萬。區分之三省。大畧如左。

盛京省	八百萬
吉林省	三百五十萬
黑龍江省	五十萬
合計	一千二百萬

參考游記。以滿洲全部人口。與各種族區別之。其數如左。

滿洲人。	八十萬。
本部中國人。	一千一百萬。
東干人。	一二萬。
瓦爾喀人。	二萬。
索倫人。	三萬。
鄂魯人。	一萬。

瑪涅克爾人。　八千。

達瑚爾人。　五千。

費牙喀人。　五千。

滿琿人。　二千。

合計　一千二百萬。

滿洲及西比里東部諸種族之總名曰通古斯。通古斯人者。蒙古人種之一。額面平廣。頭髮長。肌膚帶黃色。爲往古葉尼塞河支流之上下通古斯兩河邊繁殖之野民。而附以此名。住居於自此兩河域至於東北海濱一帶地方。別爲多數小族。在其南部者爲馬通古斯。在北部者爲鹿通古斯。在東部者爲狗通古斯。在西部者爲曠野通古斯。在滿洲者除本部中國人及東干人二種族外。餘皆係此種族也。

滿洲人爲女眞之後裔。由滿洲中部至朝鮮之北部。自古以來。爲驍勇顯著之人種。歷代多爲封建政治之國體。如勃海及金淸皆係滿人。當淸國興。各部舉從之。及事定。分爲駐防八旗人。或移駐於本部中國。或留防於滿洲。與他種族不同。有特別之權利。

遼東之地。因古來漢人之移殖者多。故人民之衆。不亞於中國各省。雖以現今施政之便。

以此地屬於滿洲。然其風俗習慣。全無異於中國本部者。維廉氏之說曰。此地爲本部中國人移住最多之地。統計人民一千二百萬之內。住居盛京省之南部者。八九萬人口頗稠密。一方里內有三千人以上云。至於輓近。移住於滿洲東南部者亦多。遂使滿洲全部之言語風俗。爲之一變。

東干人爲莫哈默德之宗徒。卽中國所謂回回教徒也。此種族本爲土耳其人種。由東部土耳其斯坦漸移住於中國內部。現今滿洲中部之吉林、三姓、伯都訥、阿勒楚喀、等處最多。特在於阿勒楚喀者。達於住民四分之一以上。東干人有勇壯之氣質。以節儉力行爲主。不喜與他人種相交涉。

瓦爾喀種族。爲滿洲種族之一派。住於黑龍江之中流部。卽小興安嶺橫斷此江之谷地。及烏蘇里鴨綠圖們三江之水域。古史所稱爲生女眞之裔也。此種族中當淸國創業之時。其同族嘗有被編入於旗籍者。此種族常以漁爲業。不事耕耘。其容貌衣服。稍同於滿洲人。漢人以其住於邊隅而賤之。稱爲魚皮套子或長髮子。

瑪涅克爾及鄂魯春之兩種族。中國人概稱之爲鄂魯春人。居於自合流於什勒喀河之額爾古納河之處。下至瑚瑪爾河注入於黑龍江之間。以漁獵爲業。此種族亦淸國創業之時歸順。而編入旗籍者。此兩種族。均巧於獵獸。漢人謂之打牲部。又以鄂魯春人使用北鹿。瑪涅克爾人使用馬。滿洲人區別之爲使鹿鄂魯春。使馬鄂魯春云。

索倫及達瑚爾兩種族。移住於黑龍江省各城、及三姓甯古塔等處。從來以騎射顯著。其先常有從清國之太祖建功業者。既而編入於佐領下。享滿洲人同等之權利。此種族之住於滿洲者。較之住於悉比里各地之同種族。稍稍開化。乾隆年間以此種族練成之旗兵。征準噶爾。今駐屯於伊犂新境者尚多。

費牙喀種族。亦居於黑龍江下流之沿岸、及近傍之海濱。以漁業及獵獸爲生。較之他通古斯人。則其生活頗拙劣也。此種族雖亦有歸服貢獻於清國者。以道途遼遠。僅得羈縻之耳。康熙中以其種族賤陋。使其酋長娶宗室之女。欲歲時納聘而化導之。實則吉林將軍以民女代之。乘彩輿而嫁之云。又現今有住居於三姓甯古塔等地者。

滿琿種族亦居於黑龍江之下流部、及松花江沿岸。中國人所謂使犬鄂魯春者是也。此種族雖營漁獵二業。然其生活之程度。較之他處通古斯人。則大爲進步。觀其家屋之結構。衣服之體裁。亦可見矣。且骨格勇壯。氣質温良。而家人親密。有慈愛恭敬之風。歲時雖納貢稅於吉林將軍。然不受其羈絆。自爲獨立之部落云。

道路

滿洲可稱國道者。其數雖多。然因備官用。僅設置驛站耳。行旅便利之處甚少。自盛京奉天府起經山海關至於北京者。爲最大道。此道路凡十中里構望樓。置衞戍。其他必需之物。無不具備。其次爲至吉林府之道路。沿道之驛站車馬客舍等皆備。由奉天府經遼陽州至朝鮮國之路。從來以鎖國之規約。嚴禁官吏往來。杜絕兩國人民之交通。因國境警備甚嚴。是以道路險惡。以不修理爲得策。又由遼陽分歧經海城縣而至遼東灣東岸之各州縣。與黃海沿岸各港之道路。以行旅往來頻繁。沿道所需用者無所欠缺。又由奉天府西北出法庫門。由昌圖府至長春府等處之道路。逾柳邊牆之內外。可得通過。且蒙古地方之道路。以市街殷富而多行旅。黑龍江貨物之輸運。由此道者甚多。

吉林府於滿洲占水陸之要區。可稱爲道路四至之中心點。東至甯古塔。北可至伯都訥、阿勒楚喀、呼蘭、三姓、等各城。此道路皆有官設之驛站。大抵充爲逆旅。間亦有不能辦食料之處。然以上各城皆沿松花江之水路。至火輪船通運以後。可大得便利。又自三姓至甯古塔。由琿春至俄屬之波西圖港。又如經三岔口至俄屬之尼古里斯科之道路。以開設未久。人煙寥落。驛站亦未徧設。

黑龍江省爲北邊之曠地。八旗駐防各城之外。繁昌之街市甚少。然其省城齊齊哈爾以有水陸交通之便。人口稍多。如自省城南經伯都訥廳至吉林府。東北經墨爾根城至黑龍江。西北至呼倫貝爾城之道路。皆有官設驛站。爲傳遞公文之所。每站備有車馬。然以行旅之往來不多。而人戶寥寥。近來以由黑龍江省輸出於俄屬伯拉照夫琛斯科者多。而旅客日增。又由省城經小林子而至巴彥蘇蘇呼蘭等處。開一新道。此道路雖非官道。然冬季結冰之時。車馬甚便通行。蓋該省本有水利。若能開通嫩江及松花江水運之便。則各城之日趨於繁盛不容疑矣。

滿洲道路之情形。恰如自然放棄者。任其崎嶇。一不修補。又如道路稅。除蒙古道之外。一無賦課者。且平坦地方之道路。因車轍所經。常凹凸不平。非雨後殆難行走。以降雨則能使此凹凸復爲平夷故也。然泥濘之苦。較不平更甚。非日光曝之。更難涉足。旅行之難有如是也。至若河流縱橫。必設渡船。間數十淸里。每置驛舍。其設置之法。或有愈於本部中國之處。

自盛京奉天府達山海關之道路。頗廣大。其幅爲五六十間。兩傍鑿溝。駢植柳樹。往昔開此道路。必役萬人之力。始能至此。但因久歷數百年。不加修理。或成土堆。或已崩壞。僅能通一車之地。節節皆是。自奉天府經閭陽驛至錦州府之間。爲遼河及大小淩河之河域。遠距東南海濱有二三小流。皆由北來而南流。地勢卑溼。來自錦州府至山海關之間。爲遼東灣之沿岸道路稍高。距海岸約一二里。距北方山麓亦然。處處有壟岡。近接於山麓之道路。登邱降岡。土地成波紋狀。河流皆自西北來而流於東南。有涼水、獅子、狗兒、沙河、流石、岐河、煙臺、甯遠、週流七里、女眞等之小流。其他無名之溪流。縱橫皆是。又接於西北之邱陵。皆爲嶺脈。故以上之水流。從不爲大河。特有流於錦州城之西方小淩河之源。發於邊外而已。此溪流僅不出一二里。而朝宗於遼東灣。故土地俱乾燥。又錦州城近傍多廣邈之牧場。足牧牛馬數萬頭。且此沿道之客店。庭中頗廣。以房屋繞其四方。故其大者。可宿車數十輛。馬數十頭。又此道中沿道。每五十淸里。置八旗兵駐防所。計駐防所有八處。

由奉天府至山海關之驛站

奉天府舊邊。	
巨流河。	十里。
白旗堡站。	七里。

二道井站。	十二里。
小黑山站。	八里。
廣甯縣。	八里。
十三山驛。	十二里。
小淩河。	十四里。
高橋。	九里。
甯遠縣。	十里。
東關。	十里。
涼水河。	十一里。
山海關。	十三里。
合計	百二十四里。（日本里也）

自奉天府至九連城之道路。自奉天府至遼陽州之間。土地卑溼。漸南則近東北之山麓。地勢傾斜於西南矣。此地皆屬於遼河之河域。爲渾河沙河太子河等處。西流而入於遼河。自遼陽州至於鳳凰城之間。全爲山間之溪谷。廣一丁至九丁。其最狹隘之處。谷底與

道路無區別。最險阻之地也。其兩側山岳重疊。峰頂參差。山骨盡露。自鳳凰城至鴨綠江岸。九連城之間溪谷漸闊。山岳亦漸低。山陂之傾斜緩漫。道傍雖多村落。然亦爲山路之一部。

概論此地勢。則由奉天府至鴨綠江岸之間。邱陵碁布。充塞全地。惟遼河與鴨綠江之沿岸。稍見平原。又其地勢可分爲東西二水經。即當此路線之分水嶺。爲分其水經之地點。而西北部槩屬於遼河之河域。爲遼東灣之水經。東南部屬於鴨綠江之河域。爲黃海之水經。又由連山關東南而至鴨綠江岸之間。樹林蒼鬱。山麓及溪谷之形狀等。同於朝鮮內地。人民家居屋舍之結構。用木材以茅茨葺之。殆與日本之農家無異。自遼陽城至鴨綠江地方。以山間僻壤。人民之富貧固不可比之平野膏腴之地。除鳳凰城之外。雖有鎮驛二三。然皆蕭索不堪。山多溪澗。而食水清冽。近傍之山岳。概多溪水。而富於樹木。時起雲霧。迷漫溪谷。雨量亦較多於他處。

由奉天府至朝鮮之驛站

奉天府。

沙河堡。　八里。

張台子。八里。
遼陽城。五里。
湯河沿。八里。
甜水站。九里。
連山關。六里。
通遠鋪。八里。
雪裏站。十里。
鳳凰城。七里。
高麗邊門。七里。
湯山城。五里。
九連城。八里。
朝鮮義州。一里。
合計　九十里。

自奉天府至金州廳之道路。自奉天府經遼陽州海城縣。而至營口之間。踰諸河流。合於遼河。西望千山。山脈綿亙。東接廣邈之平原。故此道路。於盛京省內爲分畫平地與山地之界線。自奉天府南行數里。而達於渾河左岸之渾河堡。有兵營。由渾河至沙河之地形。東方常與山脈相接近。西方平坦開敞。時散見村落及墳墓等。盛京近處。墳墓之形狀。爲圓錐形。下部之直徑三尺三四寸至六尺二三寸。高稍半之以爲常。與本部中國內地之墳墓少異。

遼陽州。在盛京省中央。爲古來有名之地。太子河經州城之東南而合於沙河。自州之東北迎水等地方至於州城數十丁之間。河線分數派。渡涉三次。夏秋水溢之時。則三派合而爲一。可爲遼陽城東部一大防禦之地也。遼陽州形勢雖佳。然河水淺。運輸不便。故不甚殷富。至於沙河近傍。千山之西麓。漸走而東。道路狹隘。其路傍首山（首山又名駐蹕山又名手山見欽定滿洲源流攷）之巖石峭立。山頂有烽燧臺。其東南之山阪。有廟宇。此處僅有松樹數株。沙河幅員亙八十間。水量甚少。流域凡八間。夏秋時水常泛溢。有至立山屯及西南至牛莊之道路。

海城縣爲四方衝要之地。由鞍山河以南。通過千山之支阜。雖時升降。然其傾斜甚緩。又路線之近傍。有礦泉二處。居留於營口之歐洲人。時來浴云。至海城縣之南八里河與營口至蓋平縣之道路分歧。當至蓋平縣之路線。往往有低山脈連亙。至營口之地。則軒敞開豁。邱陵樹木。無入眼界者。然爲支路。村驛客舍甚少。且地質鬆軟。不便車行。

由營口至金州廳之間。沿遼東灣之東南岸。千山脈向於渤海傾斜之部分。其勢不急峻。邱岡作波紋狀。河流皆溪水之稍大者。道路爲州縣之官道。雖概爲平坦。然不注意於修繕。如夏季之耕地。冬季則爲車道也。滿洲各地。無不皆然。從營口至蓋平縣之間。蒼茫荒野。一望無涯。平地海柴蔓延。泥澤亦多。此近傍產鹽極多。處處堆積食鹽。其形爲圓錐狀。運鹽之車輛。往來絡繹。每五六中國里。無不設有客舍。

蓋平縣可稱爲遼東灣東岸之埠頭。於此路線。占運送各州縣貨物之輻輳點。由此地西南。地形爲邱岡狀。道路沙蹟而無泥濘之患。作波紋狀之高原。爲耕地。或爲村落。可得憑高望海。至於熊岳城。則有古代之烽火臺。

復州之西南海岸。有稱爲娘娘宮之小島。爲自山東來之船舶碇泊之一港。多商鋪。此處道路。無長大之邱岡。沿海岸。多適於眺望之佳景。復州河之幅員。雖有百五十間餘。然其水流之處。不過三十間。清澈而不深。復州澳爲此河流所朝宗者。又南關蓮花椒花各島。點綴於海上。由復州河道路。取東南向。達於二道嶺。此道路通過山脈之細頸部。隔數里。

皃山嶺左右連亙。如其右方之巒古山。則達於千尺以上。山間平地概爲耕耘。又放牧牛羊。至於二道嶺子。海水灣入。有自東方曲折於南方者。廣凡一里餘。俗呼爲鳥虎嘴灣。即歐人所稱之亞當司港也。

鳥虎嘴灣之東隅。有古城址。不知何代之遺跡。此地名孛蘭。由此處道路轉於西南。經長店鋪。達金州廳。此道路亦與前道同。邱岡作波狀之地。處處山峰挺秀。距海岸雖不遠。而道路在山間。故不能望海。沿途多堡臺及烽煙臺。每距十中國里。必設一堡臺。每五中國里。置一烽煙臺。堡臺必設於村落之前。其基礎凡二十尺。作方形。高不過四十尺。以磚爲之。上部穿銃眼二三。其形類煙突。又烽煙臺必在邱岡之頭部。其形如低著之煙突。皆爲明代所建設者。金州廳在僻地中爲一都會。人口繁雜。魚類最富。其日川之品物皆備。

由奉天府至金州廳之驛站

奉天府。	
沙河堡。	十里。
遼陽州。	十六里。
海城縣。	二十里。

營口。十八里。
藍旗廠。六里。
蓋平縣。七里。
熊岳城。十里。
焦家店十二里。
復州。六里。
千家店。七里。
礮臺子。十里。
長店鋪。十二里。
金州廳。十二里。
合計百四十六里。

自奉天府至吉林府之道路。出奉天府之北門。一帶郊野。西北有隆業山。東有天柱山。今在承德縣東二十里隆業山松柏鬱蒼。天柱山卽古之東牟山。謂古昔勃海大氏以衆據於此而起云。其北東之地。一概平闊。由此至懿路站之間。岡壟凹凸不齊。且地甚卑溼。不便車行。驛路站爲明末設防禦之地。有古城址。東南繞以溪水。西北負高邱。驛內人煙不少。山峰重疊於驛之東北。自此至范河之間道路逼近山麓。范河會於遼河之處名三岔口。爲明時與朶顏畫界之地也。沿此道驛站之繁盛者爲鐵嶺開原二處。鐵嶺者。明代設鐵嶺衞之處。而銀州之故地也。遼河流其東。開原者。本爲元之開原路。而明置萬全衞之地也。

至邊牆之威遠堡門一帶之道路。平坦而沿於山麓。至降雨之時。泥濘殆不可行。以邊牆分盛京與吉林之省界。因此兩山逼近。而道路通過溪間。人民散居於嶺趾。聚落荒涼。山村之風景。尤蕭條不堪。又過楊木嶺子有葉赫驛。人家稠密。其地勢至此漸形寬闊。葉赫驛爲清祖創業之戰場。尤爲有名之地也。東遼河之上流。曰赫爾蘇河。有赫爾蘇驛。人煙頗多。由此道路通過大孤山之山麓。其東方有牧場。伊通河站一把單站等道路平坦。而土地沃饒。由此至刷煙驛十里之間。邱陵橫截。人煙蕭疎。其南方連山重疊。然相距甚遠。吉林駐防之八旗兵。初冬之交。會於此。爲射獵之所。由此越大水河驛。南則山嶺接近。北爲一望無涯之曠原。

大水河驛。凡有百戶。爲此處一小市街。又有道向西北行。至長春府。卽爲蒙古街道。路途平坦。搬運貨物之輪蹄。常絡繹於途。自大孤山站赴長春府及買賣街等道路。皆能行車馬。搬運貨物。陸續不絕。又有廟兒嶺。樹木鬱蒼。自頭道嶺下瞰吉林城。則市街形勢。家屋鱗次。皆在指顧之間。

由奉天府至吉林府之驛站

第一站。十二里。
懿路站。十二里。
高麗屯。十二里。
開原縣。十里。
棉花街。七里。
葉赫站。十二里。
赫爾蘇驛。十里。
阿爾灘額黑爾站。十里。
一把單站。十里。
刷煙站。九里。
衣兒門站。

揑登站。　十二里。

泥汁哈站。　十二里。

合計　百二十八里。

由吉林府經俄莫賀索落而達於甯古塔之道路。踰長白山與小白山之中間。土地起伏。峻坂溪壑頗多。其中自額黑木站至老爺嶺（漢譯滿洲圖作老嶺）之間。嶄巖突兀。樹木鬱蒼。遠望如無路然。又拉發河哭不了河之近傍。泥淖殊甚。人馬陷於泥中則不能出。故名。又由推屯河東北。森林深茂。是爲色齊窩集。又名嵩嶺。俗稱張廣才嶺。由吉林府赴甯古塔此嶺爲必由之路。此嵩嶺上下五里。大樹掩之。盜賊常以此山中爲巢穴。窺探商賈之往來。而掠其貨物。商賈常屏息過此。以冀免禍。嶺之東西。雖有官兵屯駐。以備盜賊。然終不能平盜而安行旅。其頂上有羊腸小道。大樹夾路。皆數千百年之物。日光爲蔽。山路泥淖之深。極爲危險。至嶺上則千山萬峰。恰如俯伏於足下。是山之高。足可知矣。且嵩嶺爲此山脈之一大分水嶺。嶺西諸水。皆西流而入於松花江。其嶺東諸水。悉入於瑚爾哈河。

踰朱魯多渾河至於俄莫賀索落站。南爲平野。東北連續於小白山。東南山峯蜿蜒甚遠。

又由卞家店以北一里。有山神廟。設卡於此。以課往來貨物之稅。又有黑石甸子。一名德林石。人馬行其上。有空洞之響音。其陷處有如小池者。其突出處有如假山者。石膚微細。縱橫迸裂。千變萬化。不可名狀。土人謂爲神仙所作。石上叢生奇花異草。就陷處視之。其底之泥土與尋常之泥無異。可知此石層之入於地也不深。且此石多含鐵氣。由是沿瑚爾哈河經沙蘭店而達於甯古塔。自甯古塔達琿春之道路。橫過注於們圖江之河流。與注於興凱湖河流之分水嶺。險峻凹凸之處頗多。凡五十餘里。又由甯古塔沿瑚爾哈河之右岸。通於三姓之軍道。山路及谷道。羊腸崎嶇。僅可通車馬。此軍道係光緒七年所新設者。置驛站八處。約九十餘里。

由吉林至甯古塔之驛站

吉林。
額黑水。十三里。
額伊虎。十五里。
退屯。十一里。
俄莫賀索落。（新譯滿洲地圖作鄂默和索羅）十八里。
畢兒漢河。二十三里。

沙蘭。　十二里。
甯古塔。　十三里。
合計　百零五里。

由奉天府北。出法庫門。東北至伊通門之地。爲柳條邊牆外內蒙古之地。沃野豐饒。有殷富之街市數處。行旅極多。車馬客舍。需求甚便。各市街之商賈。納借地稅於內蒙古各部之地主。統爲盛京將軍所管轄。自奉天府經過隆業山之東。至西河寺之間。處處有高塔。或堡臺。謂爲明代之遺址云。踰遼河達於大孤山子之一帶地方。屬於遼河之水域。平野廣闊。樹林甚少。

法庫門。設於柳條邊牆。爲十一門內最要衝之地。南通奉天府。西北通吉林黑龍江兩省各城。爲往來必由之處。前有法庫山。邊門外道路作三叉形。西行則至彰武臺邊門外。北行則至伯都訥廳。東北行則至長春府及吉林府等處。從此處至於塔近傍。村落多傍道路。而法庫山之支山。走於東北。其餘波紋起伏而爲岡阜。道路之廣。凡十間至十五間。大車三四輪可駢列通行。遼河在小塔子之南。而合於東。其水頗深。幅員亦有百間餘。夏季設有渡船。冬季冰結可得徒行。

蓮花泡村落之道路。分爲二歧。一達昌圖府。一至八面城。柳邊牆（柳邊牆新譯滿洲地圖謂之長柵）外之路線。無可稱一定之大道者。以交通繁盛而設之。向東北行。不論由何路。皆得至吉林。但道路之多寡遠近不一耳。金花屯近傍之地。沃野而多耕地。屬於內蒙古科爾沁部博王所領。

八面城乃至長春府及吉林府道路之有名市街。人口約萬餘。由此處東北有通懷德縣之道路。自此至奉化縣之間。所在有村落。道路爲平野。奉化縣本名賣買街。有人口二萬五千餘。有大市街。商賈雲集之地也。光緒初年。新置縣屬於昌圖府。此縣即吉林馬隊及八旗馬隊等駐紮之所。道路分爲三叉。南達於昌圖府。北通懷德縣。東至赫爾蘇邊門。赫爾蘇邊門。設於狹隘之山間。爲監視貨物出入之所。至伊通州之路線。入此邊門。沿邊牆內而東行。從奉化縣至此處。其間道路狹隘。人馬之交通亦稀。僅可容中國之大車一輛耳。自邊門十丁餘。有赫爾蘇河。廣凡十五間。可徒涉云。赫爾蘇河發源於柳條邊牆內之山。與鴉哈河合。由赫爾蘇門之東。出邊牆西流而合於西喇木倫河。土人呼之爲東遼河。由此過伊通州之市。出伊通門。可至長春府。

伊通邊門。爲吉林省與內蒙古郭爾羅斯部之分界地。由此處至長春府之道路有二。其一爲險惡之山道。然行客皆由此道。因彼道水溼。夏季極難通行故也。長春府有人口三萬之大市。可稱爲商業繁昌貨物輻輳之中心點。東北通阿勒楚喀及黑龍江呼蘭廳各地。西北可至伯都訥懷德奉化等處。又可達法庫門。蓋蒙古各市。逐年興盛。因有松花江及遼河與滿洲北部之便益故也。

由長春府至吉林府之道路。雖有數條。然皆山徑。不便車行。因是行旅往來。不得不由伊通門。自伊通門達吉林府之地。北方山嶺綿亙。南爲郊野。一望無際。耕種大興。道路爲水溼地。夏日不便車行。東南至大水河驛。與盛京吉林間之本道合。由是越頭兒廟兒之二嶺而達於吉林府。

由奉天府經長春府至吉林府之驛站

法庫門。
小塔子。 十里。
寶利屯。 十三里。
八面城。 十二里。
奉化縣。 十里。

赫爾蘇邊門。十五里。
伊通州。十六里。
伊通河邊門。十四里。
長春府。十三里。
伊通河邊門。十三里。
楊大橋。十七里。
吉林府。七里。
合計 百三十九里。

自吉林府西北。過伯都訥廳及齊齊哈爾城。至黑龍江城之道路。自松花之右岸。沿嫩江左岸越平坦之曠原。自吉林府打牲烏喇之近處。山嶺重疊。江流相迫。此處爲橫斷小白山山脈之江流部分。由是道路與江流稍離。平坦而遠山嶺。遠於巴彥俄佛羅邊門。一名發忒哈門。爲柳條邊門之東端。邊門外曠原開豁。沿松花江而至伯都訥一帶。牧場甚多。牛羊牧羣所在有之。松花江至此。分流數派。往往積成大沙洲。又自登額爾策庫站。道路分爲二歧。一可至阿爾楚喀、呼蘭、伯彥蘇蘇、三姓等處。

伯都訥廳。創設於康熙三十二年。一稱新城。在曠原之中。松花江繞其西。夕陽滅沒於沙漠之中。風色慘澹。伯都訥廳之北凡四里。而達伯都訥站。松花江自此站之東。而合於嫩江。其路線踰松花江及嫩江。二江之距離。其間不過二十丁。此處松花江之江面凡百五十間。水深二十五尺。餘嫩江之江面。雖稍減於松花江。然水量亦多。自漠心站爲黑龍江省所管。自此至齊齊哈爾有七站。居於此站之民。乃往昔從吳三桂叛逆清廷而遷謫於此者。其子孫今尙爲苦役於此處云。自此至齊齊哈爾之道路。俱在曠原之中。除驛站外。居人甚少。

齊齊哈爾城。孤懸曠野。北方興安嶺之支脈。惟於雲煙縹渺之間。畧覩其狀而已。本城乃黑龍江之省城。通各地之要區也。西北至呼倫貝爾。東北至黑龍江城。西南至巴彥蘇蘇、呼蘭、三姓等處。其繁華雖不如吉林府。然亦爲北部之大都會。自齊齊哈爾東北至墨爾根之道路。盡屬高原。沿嫩江左岸而行。路傍隨處有湖水。四方沃野。可稱爲草海。拉哈站甯年站之間。距江岸僅十二三丁。上下嫩江之帆船。可於此望見。江水溢時。此處常有水患。各站附近之地。村落碁布。有以培植煙草麥類等爲業者。從此而北。地形漸高。自拉哈站墨爾根之間。概屬邱岡。墨爾根乃興安嶺山脈向於蒙古之曠原。谷地傾斜。路線屬於嫩江之溪壑地。其城郭位於嫩江左岸。隔江遠望。興安嶺之支阜。蜿蜒如龍。由此處而西北。有通呼倫貝爾之路。

自墨爾根西北七十餘里。至黑龍江城之道路。全通過小興安嶺山脈起伏之間。或下於谷底。或登山巔。其高處有至一千四五百尺者。此間官設驛站之外。餘無村落。有流水及芻草之地。往往爲牧畜之居民所聚。至於大嶺子。則山脈之形狀大異。黑龍江城南之山勢。皆趨於東北。越此嶺則山勢又蜿蜒於西南矣。此爲小興安嶺與興安嶺相接續之處。其山嶺爲圓錐形。土地爲噴火質。自科洛爾站東南有噴火山二云。科洛爾站與喀爾喀爾站之間。有興安城。爲晚近所新設者。有抽稅局。以課輸出於俄屬之牲畜及雜貨之稅。由此至璦琿。西北遙隔廣野。而興安嶺之山脈。環繞本城。枕於黑龍江。江岸高峻。無江水泛溢之患。中國邊疆之重鎮也。俄屬伯拉照夫琛斯科（新譯滿洲地圖作自拉照夫青斯克）在其對岸。居黑龍江之上流。相距十里。江之左岸。卽屬俄屬。因係新闢之土。故物產寡而食料少。其他貨物。以仰供給於滿洲。故此地成輸出品之商埠。近時頗有繁昌之勢。居民合滿、漢、回子、鄂魯春、索倫、達瑚爾等種計之。凡有三萬餘。

由吉林府經齊齊哈爾城至璦琿之驛站

吉林府。
金珠鄂佛羅站。
舒蘭站。
巴彥俄佛羅邊門。
蒙古站。
他賴昭站。
蒿子站。
舍利站。
伯都訥站。
謨心站。
古魯站。
他爾哈站。
多耐站。
温托河站。

八里。
十里。
七里。
十五里。
八里。
十二里。
十里。
十里。
十七里。
十七里。
十一里。
十二里。
十三里。

特木得赫站。十二里。
齊齊哈爾城。九里。
塔哈爾站。十里。
甯年站。十一里。
拉哈站。十四里。
博爾多站。十里。
喀木尼喀站。七里。
伊拉哈站。七里。
墨爾根城。十一里。
科洛爾站。十二里。
喀爾喀爾站。十二里。
枯木爾站。十五里。
額雨爾站。六里。
愛琿。十八里。

合計　　三百〇四里。

自俄莫賀索落站。東南通琿春城之路。出俄莫賀索落之市。沿朱爾多渾河東南行。左傍見白土磊子山。橫於此山麓之道路。卽從吉林通甯古塔者也。行數里。有黑石屯之小村。居人數十戶。由此越恆道嶺。渡小石河。至額多里城。此城卽近設之敦化縣。有官署及屯兵。居人百餘戶。房屋之結搆。稍備。商業亦旺。由是經黃道腰子。而渡大石河。從此至哈爾巴嶺。數十里之間。雖土地膏腴。野草繁茂。而農家極少。由此經山道。至板橋子。此處爲敦化縣與琿春之管轄界。有木標爲識。西北爲琿春界。東南爲敦化縣界。由是過潑梨哈通河上流之溪澗。又越鐵盤嶺。道路凡通溪谷。達土門子至五峰山。則山峰巖石巍巍。蒼松繁茂。風景如畫。由此沿潑梨哈通河。踰河流之曲折處。路傍有兵營。又越煙集崗嶺。高一千三百尺。由此過煙集河。至涼水泉之間。沿琿春河望圖們江。則朝鮮之穩城等處。在其右岸。又過嘎呀河密江等寒村。則盡山路矣。其中以窟龍山爲尤高。登降殆有三里餘。又有自涼水泉通甯古塔之道路。道傍電杆林立。由此達琿春河。注入於圖們江之河口。沿琿春河之上流。耕地平坦。過此。五里而達琿春城。

自俄莫賀索落站至琿春之驛站

俄莫賀索落站。	
砂河崴子。	二里。
額多里城。	八里。
黃道腰子。	五里。
板橋子。	五里。
箭城溝。	八里。
鐵盤嶺。	五里。
清龍山。	五里。
土門子。	六里。
魚樹川。	六里。
老頭溝。	五里。
官道口。	六里。
南崗。	十里。
煙集河。	五里。

嘎呀河。	六里。
窩龍山。	八里。
涼水泉。	五里。
密江。	五里。
琿春。	十里。
合計	一百十里。

自甯古塔至三姓之軍道。當光緒七年伊犁有事時所開鑿者。沿瑚爾哈河之左岸。鏟削峻嶺。以塡塞溪谷。變無人之境爲車馬通行之大道。設四站於三省之管轄地內。甯古塔之管轄地內。亦設四站。又於其險隘之地。置關柵二十餘處。各站置步兵數名。以爲站役。使遞送公文。此軍道爲瑚爾哈河貫流完達山脈之谷地。不適於殖民。僅得通人馬耳。然多數之兵。不能速行。運轉礮車。輸送糧食。亦嫌其不便。稱之爲軍道。不若稱甯古塔三姓間之郵路爲當也。除兵站外。農家甚稀。谷間水際。偶有茅屋二三。山園數畝而已。其瑚爾哈河之水面。凡百三十間。左岸概成斷岸。水流綠色而多急湍。有自三姓上下於甯古塔間之中國船。冬季冰結。則不能通運云。

由甯古塔至三姓之軍道之驛站

甯古塔。

頭站。十二里。

二站。十里。

三站。十里。

四站。十里。

以上甯古塔

四站。十里。

三站。十里。

二站。十里。

頭站。十里。

三姓。十二里。

以上三姓

合計 九十四里。

自甯古塔經三岔口至俄領之道路。爲晚近所新設者。沿道僅有旅店。並無民居。然以貿易之景況視之。則他日交通。必臻繁盛。自甯古塔至三岔口。凡一百里。其搬運貨物之費。就百斤而言。夏日制錢五百。冬季四百。過此以往。則直入俄境矣。滿洲之馬車。卽不許行。因滿洲之貨車爲二大輪駕馬六七。重力頗大。恐破壞其道路。故俄國禁止通行也。甯古塔達瑚爾哈河岸之地。皆耕作地。自此至四道嶺之道路。在高原上。掖河南溝有兵營九。謂光緒六年所創設者也。四道嶺近傍。平原廣闊。光緒六年以後。招集直隸山東兩省之農民。使從事開墾。現今有農民五十餘戶。由此東行。地形次第狹隘。只存一路可通。據土人言。則往時以此狹隘爲甯古塔東部之邊界。由是而東。乃各種民居住之處。而爲中國之化外地云。

擡馬溝在嶺下之一谷底。自磨刀石至此處之道路。左右皆數百年樹林。陰蔽一切。無可眺望。而松柏槲樺等樹林。有自開闢以來。未嘗經斧斤者。擡馬溝前後十數里之間。無非森林。此處所稱爲窩集者。謂無居人之地也。光緒六年。開闢自甯古塔至俄領之道路。沿途置屯田兵七十名。給與軍器及農具。且使兼業旅店云。

穆林河之兩岸。爲平坦之曠原。中國政府派墾務委員從事開拓。穆林河自穆林窩集發源。東北流而合於烏蘇里江。此處水面凡十六間。非船不渡。道路沿穆林河之右岸。又與河流之方向相背。而向東南。是爲山路。越雜樹林陰蔽之山嶺。而至三才河。

三才河與萬鹿溝之間。雖有兩山脈之峽谷。然其內地實適於耕作。置墾務委員。從事開拓。從此道路達於綏芬河域。小綏芬河發源於東北之山間。南流而合於大綏芬河。河面廣六十間。有濟渡處。萬鹿溝爲山嶺之谷地。危巖橫於行路。溪水載途。險要之地也。光緒六年吉林將軍銘安奏准設置綏芬縣於是地。與俄領交易。此處多沙金。光緒初年客民羣集於此。採取沙金。後爲中國政府所禁止。

三岔口西北有綏芬河。東隔三岔河。直接俄屬。市街開設未久。人煙寥落。以此地鄰近俄國。故滿洲之商賈。購求外國之貨物。而輸送於內地者。羣聚於此。置八旗兵爲地方之警備。三岔河之左岸有咸豐年間建設之淸俄疆界石碑。

三岔河之左岸。係俄屬。道路廣闊而爲凸形。左右穿小溝。以排除雨水。由公斯坦丁納斯克過尼古里斯克而達海參崴一帶之地。除海岸外。概爲曠野。到處有俄國之殖民地。尼古里斯克。南帶綏芬河西北二方。與開豁之平野相連。此地雖爲新殖民地。然居人已達一千二三百戶。房屋爲歐洲式。置步兵四大隊。其市街之南有古城二。周圍繞以土牆。謂爲金代之遺址云。官吏及兵營皆在於此。中國人呼此地爲雙城子。雙城子當二古城而言也若中國之雙城則不在此與中國人貿易。逐年興盛。阿拉斯得利亞。瀕綏芬河之左岸。中國人呼之爲哈嗎溏。以前不入於俄之版圖。中國人移居於此者甚多。後因爲俄國所屬。遂更遷於他處矣。其道路由公斯坦丁納斯克與綏芬河之左岸並行而達於此處。自尼古里斯克至海參崴爲第三之驛站。有水陸二路。水路下流綏芬河而達黑龍灣。冰解時。一週間內。有汽船往復三次。結冰後則用橇以通行冰上。橇之形如鵝鳥。駕馬於其前。客乘其背。其內部與馬車無異。陸路與綏芬河離。東南而達於海濱。西南踰山嶺及雜樹林而達於海參崴。

由甯古塔過三岔口而至俄領海參崴之驛站

甯古塔。	十三里。
四道嶺。	十三里。
檯馬溝。	十三里。
穆林河。	十三里。
三才河。	十一里。
四道河子。	十三里。

萬鹿溝。　十五里。
三岔口。　六里。
以下俄領
公斯坦丁納斯。　三里。
波克羅克。　九里。
尼古里斯克。　八里。
阿拉斯得利亞。　八里。
烏克路驛。　七里。
海參崴。　七里。
合計　一百二十六里。

自齊齊哈爾經呼蘭巴彥蘇蘇等地。至三姓城之道路。稱爲草道。以非官道。故無驛站。自齊齊哈爾至呼蘭之間。過曠原。自呼蘭以東沿松花江之左岸。以道路平坦。冬季冰結之時。商賈馬車之通行於此者極多。客舍及食料。無不儲備。且此曠原。土地肥美。兼有水潤。豐草滿地。頗宜於牧。故移殖之民。日臻繁盛。爲黑龍江省內第一之沃土。道路尚平。不如他處官道之險惡。他日必爲商賈薈萃之地焉。

自齊齊哈爾東南而渡瑚裕爾河。此河注入察漢湖。察漢湖俗名瑚裕爾泡。其水面南北十丁餘。東西不過七八丁。水草叢生。四望無際。草中僅現道路一線而已。路傍有看守牧畜之穹廬。土人稱爲羊營子。就此羊營子可得購買牲畜。民居旅店相隔極遠。向東北而遙望。略現於雲煙縹緲之間而已。自此道路變爲長大之波紋狀。開闢田園。以培殖豆米之類。因是稱爲黑龍江省之穀倉。滿洲村落之名。稱呼某窩棚者多。窩棚者滿洲語。卽家屋之意也。初就其地開墾土地而耕者。設屋數間。四圍繞以土壁。役農夫若干人。爲起一窩棚。久之遂成村落。此窩棚或讓於他人。或破敗而無居者。然其名必附以當初開墾者之姓云。自此渡呼蘭河之上流。至呼蘭之道路。地作波狀。處處有村落及樹木等。

呼蘭廳。位於呼蘭河之北岸。四面皆開豁之郊野。爲黑龍江省中商業繁盛之一區。由呼蘭廳三里餘之下流。爲呼蘭河合於松花江。此處稱爲呼蘭口子。船舶輻輳。爲呼蘭廳水路之要港。輸迸於齊齊哈爾墨爾根等之糧食。皆由此水路。且除此以外。黑龍江省內他無生殖五穀之地。由呼蘭經巴彥蘇蘇至三姓之道路。沿松花江之左岸。北方與丘陵相對。南隔江水。峰巒東西延亘。到處有村落。槲樺叢生其間。與呼蘭以西之形狀大異。此道路至白楊木合於三姓之官道。三姓城位於瑚爾哈河與松花江會合之右岸。松花江之江面。凡三百間餘。瑚爾哈河之河面。凡三百五十間餘。瑚爾哈河口爲一埠頭。自四月解冰之後。至十月結冰之時。其間船舶輻輳者。不下四五十隻云。

由齊齊哈爾經呼蘭而至三姓城之驛站

齊齊哈爾。	
小林子。	九里。
老西兒。	十五里。
陳家店。	十五里。
泉子。	十六里。
三家營店。	十六里。
只家里。	十里。
長山堡。	十五里。
呼蘭廳。	八里。
王德住井。	十三里。

巴彥蘇蘇。	十一里。
白楊木。	十二里。
四站。	八里。
三站。	十里。
二站。	十五里。
三姓城。	五里。
合計	一百七十八里。

電信

滿洲之電信。自北京線。經山海關而達於滿洲全部。其第一線。自山海關經錦州府而至營口。又東南經金州廳而至旅順口。設置於此線路之通信局。爲山海關錦州府營口金州廳旅順口等處。第二線由營口至奉天府。此通信局爲營子口及奉天府二處。第三線由遼陽州經鳳凰城而達朝鮮京城之線路。此通信局爲遼陽州鳳凰城義州等處。第四線由奉天府經鐵嶺開原二縣。而達於吉林省。此通信局爲奉天吉林二府。第五線由吉林府經甯古塔而達琿春。此通信局爲甯古塔琿春二處。第六線由吉林府經齊齊哈爾城而達愛琿城。此通信局爲伯都訥、齊齊哈爾、里河屯、愛琿、等處。

都府

盛京爲清國之舊都。順治元年。遷都於燕京。因稱此爲留京。或陪京。爲滿洲一大都會。人口約有二十五萬。

盛京省之首府。曰奉天。位於北緯四十一度五十分。東經百二十三度三十五分。以在遼河支流。瀋河之陽。因有瀋陽之名。地勢平坦。沼澤多在平野之中。其北二里餘。達於山麓。其東西十數里間。無山嶺。南至遼陽。始有山嶺。

內城作四方形。以石爲基礎。而甃甎造之。高三丈五尺。厚一丈八尺。雉堞高七尺五寸。周圍一里二十六丁。四周各設大小二門。東名撫近、內治。南名德盛、天佑。西名懷遠、外攘。北名福勝、地載。不設城壕。建門樓及四隅所設之角樓之外。設一側壁。壁之內部極直。外部稍形傾斜。又壁上穿孔穴。使雨水下流。城內有樓閣二。東爲鐘樓。西爲鼓樓。市街縱橫有四。屋舍櫛比。居民極多。轂擊而肩摩也。

城內有天壇太廟。及文廟、學宮、閱武場、暨五部盛京將軍奉天府尹等署。又有大政殿。崇德二年所建。其制爲八隅。列左右各署爲議政之處。大內宮殿周圍二十丁餘。有大門名大清云。左闕曰文德。右闕曰武功。東西有奏樂亭。其內爲崇政殿。其後爲鳳凰樓。又其後爲清甯宮。東爲關雎宮。西爲麟趾宮。次東爲衍慶宮。次西爲永福宮。東樓爲翔鳳樓。西樓爲飛龍閣。及篤恭殿等。

外郭四方。爲土壁不用甎建。每方長一里二十四丁。高一丈三尺二寸。厚三尺三寸餘。郭內爲外關。市街市店所鬻者。以獸皮、煙草、菜種、雜穀等爲大宗。商賈多聚於此。其中以錢鋪及穀物鋪爲最大者。市街較之北京。稍清潔。其風俗亦好美麗。然不涉於奢。商賈以山東山西湖北廣東等人爲多。西門內有牛馬行。餧飼牛馬極多。大小東門外有皮貨店。多貯獸皮。寒氣酷烈地方。所需之物皆備焉。人民之食物。爲此地之乾田米。價較北京所售者爲廉。宗教有佛教回回教天主教等。近年法國宣教師創設天主堂。謂其信教之徒至二百餘人云。此地寺觀雖多。然建設尋常。無宏壯可觀者。

錦州府位於北緯四十一度零五分。東經百二十一度零八分。爲盛京省之一府。城壁爲長方形。南北九丁。東西六丁。南門曰永安。北門曰鎭北。內有高塔一。以甎瓦爲之。成六方面。高凡七十尺。由遠方望之。可以爲目標。城之周圍。繞以外壕。爲防其水溢也。沿於壁外之河岸。設以塘。高四尺餘。府城之北。方九丁餘。爲紫金山之支脈岡阜。又其北有小川。西南二里餘而接山麓。府城卽在其低處。人口凡五萬餘。雜穀牛馬騾驢羊豕甚多。各種需用物亦不乏。

金州廳。在北緯三十九度零七分。東經百二十一度四十七分。位置於金州半島之細頸部。遼東灣之要地也。廳城作四方形。每方各有一門。其一方長約九丁三十四間。無外壕。此地爲自中國南部輸入物品之商埠。人民所需用者極便。爲一都會。故亦可徵發軍需。西至金州澳之海岸凡十五丁。南至大連灣之海岸三十丁餘。東連於老赫山有壟山一阜。北隔一河有丘岡。距廳城共約十五丁餘。其西南玉皇廟之南。有五嶺子山。距廳城亦十丁餘。此三處皆可爲廳城之防禦。

此地商賈之大者。爲雜貨及雜穀之行商。其輸出之最著者。爲高粱、玉蜀黍、豆油、蘇油、豆餅等。由南部各省輸入者。爲木棉、砂糖、紙類、及廣東雜貨、西洋雜品等。然禁售西洋品。故謂之密商云。其起卸諸貨物之碼頭。在大連灣。爲駐在大孤山之金州廳所管轄。納稅於盛京戶部云。

市中有質庫二。兌換貨幣。爲雜貨店之兼業。然商賈之大者。以憑帖代通貨者不少。城內人口二萬餘。其內商賈大小約百餘戶。人民常食以粟爲最。稻米由中國南部輸入者多。

又由蓋平縣地方輸入之米麥亦多。此地肉類不少。魚類亦多。爲人民之粗食云。牲畜以牛騾驢等爲多。商賈大概皆購大車一二輛。每輛使用牲口七八頭。住民之宗教有佛教回教道教等三種。

廣甯縣。在北緯四十一度四十分。東經百二十一度四十四分。縣城位置自山海關至盛京道路之北。凡二里。醫巫閭山之東南。土地甚平。城郭建設不精。爲方形。累甎石而成之。高三丈五尺。厚一丈五尺。周圍二里餘。設五門。東爲永安。南二門爲泰安、迎恩。西爲拱鎮。北爲靖遠。南門前有南關廟。周圍十丁餘。有三門。其狀形似北京之外城。謂係明時所築者。

城內有大街二道。分爲東西兩區。東街有官署。爲管理人民事務之處。西街官署。爲管理旗人一切事務之處。人口。合城之內外計之。約有二萬五千餘。滿漢雜居。其十分之六爲旗人。餘爲商賈。城內商業興盛之處在東西二街。其貨物以大豆、粱米爲大宗。

東沙河發源於醫巫閭山之三道溝。繞城北、南流而圍縣城。醫巫閭山之支阜聳立於東門之陽。蜿蜒南走。爲縣城障蔽。城內之北隅。有土山名萬紫山。登山下瞰。全城在目。由此路東達於新民廳奉天府遼陽州等。西通大凌河。南直出於盛京之道路。此爲過長興店至三海關之捷徑。北出白土廠邊門淸河邊門。可至於蒙古部落。而又爲通義州之道路。

長春府。位於北緯四十三度五十三分。東經百二十五度二十一分。一名寬城子。在伊通邊門外一大都會也。廳城以甎石及土牆築造而成。市街縱橫。屋舍鱗次。城郭四方。大小有七門。其大門南爲永安。東爲永興。在西有二門。爲湧金聚寶云。

此地爲蒙古郭羅斯前旗所領。土地廣闊。且甚沃饒。往昔人民之來集於此地者多。遂於嘉慶五年。始設理事通判一員。使管理刑名錢穀之事務。爾來人民次第繁殖。現今人口至十萬餘。商賈雲集。家屋櫛比。吉林黑龍江二省之物產。大概輻湊於此。商務繁昌。殆將陵吉林府而上之。實可稱爲滿洲之金庫也。光緒七年。更設旗民通判。以擴張民政。此地所販賣之貨物。爲高粱大豆豆油豆餅燒酒黃酒鴉片木棉織物蘇油木材藍靛人參及各種之毛皮等類。木材有松杉白松榆樹類。多輸運於盛京及山海關等處。

此地雖在蒙古。然於滿洲商業。實占中央之位置。南通伊通州。東達吉林府。東北至阿爾楚喀及呼蘭廳。西北達懷德奉化二縣。實四戰之要地也。

奉化縣。在北緯四十三度三十一分。東經百二十四度三十分。俗名買賣街。有人口二萬五千餘之大市。東西有大街三。實爲邊牆外繁昌之地。光緒初年。新置奉化縣。屬於昌圖府。周圍繞以溝河。西北流而入於遼河。市街之有流水者。架以木橋。藉便交通。貨物大概輸送於吉林黑龍江二省。以雜穀藍靛燒酒煙草蘇油豆油木材等居多。

懷德縣。在北緯四十三度五十七分。東經百二十四度五十分。俗名八家鎮。東距長春府十八里餘。西距奉化縣二十里餘。人口約有一萬。市街繞以短壁。設水壕於周圍。甎壁之四圍。東西較南北爲長。有六門。南爲歸昌。東爲撫近。西爲迎恩。北方三門。爲靖安、保泰、綏遠。市街之繁昌。與奉化縣相伯仲。貨物不異於奉化縣及長春府。本縣於光緒初年。與奉化縣同時建設。雖皆在蒙古地。而歸盛京省管轄。屬於昌圖府。

吉林府爲吉林省之首府。在北緯四十三度四十七分。東經百二十六度四十五分。位於松花江之左岸。南瀕江流。西北一帶。近繞山脈。東北一隅。沿松花江稍有平地。其間村落田園。鱗次櫛比。其遠近之山。大概爲赭山。就中以玄天山爲最高。

城爲楕圓形。壁之外層。用甎。內部用土。高一丈七尺餘。周圍一里二十二丁餘。四方有門。爲東來、朝陽、巴爾虎、北極、致和、德勝、福綏、迎恩等名。官署商鋪大概在此。城內市街之大者。由東西通於西南。人家稠密。商業繁盛。家屋大概以甎構造。而規模稍大。其市街之一區。列以方木。其幅員有八間餘。故雖雨後。亦無泥濘之患。稱之爲糧米行街。其他街衢商業雖繁盛。而街市狹隘。雨後塗泥。不可步行云。
城內有銀銅鐵錫之匠鋪、牛羊豕等肉鋪、燒鍋糧米行油房粉房藥鋪煙館客館等。人口
凡十萬餘。本府占北部滿洲之咽喉。連絡黑龍江省與盛京省之要地也。加之松花江之
水利。有轉運之便。故此地設有船廠。俗稱此府爲船廠云。
興京。在北緯四十一度四十三分。東經百二十四度五十分。中國始祖創業之地也。昔曾
繁昌。今已衰落。商賈人口。亦甚寥寥。城郭位置於山麓。周圍凡三十丁。老樹繁茂。俗名老
城。城之西二十八丁。有清朝太祖之陵寢。此處之市街。亦沿陵寢之名。稱永陵街。有副都
統衙署。永陵市街。家屋稠密。人口凡六千。商業繁盛。其西五六丁。有興隆街。人口凡二千。
產殖以木材爲多。由此地至奉天府。有大道。
遼陽州。在北緯四十一度二十分。東經百二十三度十五分。如盛京城。位於平野之中。其
東北帶太子河。東半面直以其河流爲城濠。州城爲長方形。周圍二里餘。闢六門於四方。
東南各有二門。西北各有一門。城內人口凡八千。以通於東方之大街爲繁盛。其地人煙
寥落。僅見家屋散居於菜園之中而已。地形亘於東北及南。山脈綿亘。千山在州城之東
南。凡六里。奇峯疊聳。峭壁嵯峨。望之如鋸齒然。西北沃野無際。此地乃由奉天府西南至

營口旅順二處及南至朝鮮之要地也。

復州。在北緯四十一度三十五分。東經百二十一度三十五分。州城爲長方形。城壁高三十尺。四隅設樓閣。周圍二十四丁餘。北東南三面。闢以門。內有丁字形之大市街。人口凡二萬五千。在城外者居十分之一。其繁盛雖不亞於蓋平縣。然其商業不廣。僅售其土產而已。城內有官衙及兵營。又有耶穌舊教之會堂一所。此地多石炭。距此地七八里之海濱。有炭礦。以復州河運送甚便。城外東南有高邱。上有寺院。名南關塔寺。自遠方望之可爲目標。地形距北東十八丁餘。而接於山岡。其間有復州河。由西北而流於東南。西南連山起伏。最近處不過八九丁。

義州。在北緯四十一度三十五分。東經百二十一度十八分。位於廣野。枕大凌河之南岸。州城爲四方形。一方長凡十一丁餘。瀕凌河之處。作凹凸之稜角狀。以防水勢之衝突。其餘三方。概作直徑。各有一門。建譙樓於其上。城內之中央有鼓樓。由此處四通爲大街。至各城門之東北隅。有衙署及兵營。東南隅有縣署。市街人家稠密。而城內四隅。僅餘空地而已。人口凡三萬餘。人民富裕。貨物輻輳。商賈之盛。可比之邊牆外之建昌縣。其中以穀物之行商爲尤多。地形東西南三方。隔一里至二里。而繞山脈。北踰大凌河十八丁餘。有山脈延長於東方地處卑溼。可殖高粱。大淩河由此處大變其形狀。河流之廣。約九丁餘。河底爲沙礫。分流數派。流域常無一定云。

田莊台。在北緯四十度五十九分。東經百二十二度五分。市街沿遼河之右岸而行。爲水陸之一埠。商賈輻輳之地也。人口凡二萬五千餘。河干多泊由滿洲內部輸送貨物之小舟。土人呼之爲小牛兒云。水路由巨流河驛及鐵嶺縣界而來。陸路通奉天府錦州府營口等各地。

此地占達於滿洲內部之要點。不僅爲商業上之便利。亦運輸之衝要地也。如蒙古及吉林黑龍江兩省之貨物。多聚集於此。其大宗爲高粱、大豆、鴉片、煙草及各種皮貨等。市中有油房雜穀店錢鋪質庫皮鋪客棧等多處。

開原縣。在北緯四十二度四十分。東經百二十四度八分。縣城周圍二里餘。作方形。四周繞以牆壁。高三丈五尺。四方各開一門。稍大於鐵嶺縣城。人口凡三萬五千。商業昌盛。城內之西南隅有高塔。作八角形。而安置佛像於各角。高十五丈。此塔謂係唐時所建築者。地形西北接於邱陵。西南開豁。近有清河。南通吉林之道路。隔一里而遠望。山脈蜿蜒。亦通邊外蒙古之要衝也。

法庫門。在北緯四十二度四十分。東經百二十三度七分。爲邊牆十一門中之一。南過奉天府新民廳而通山海關及營口。北可通吉林黑龍江之各都府。人口凡八千餘。爲滿洲陸路之一市場。地形前有法庫山。市街在狹隘峽谷之間。地勢最爲要害。實北邊之鎖鑰也。

新民廳。在北緯四十一度四十分。東經百二十二度四十五分。距奉天府凡十三里。當北京盛京間之本道。有繁盛之街市三。百貨塡溢。商務不讓於錦州府。人口凡三萬餘。以典舖銀舖釀酒舖雜穀舖爲商業之大者。家畜以牛羊豕爲多。米穀以乾田米爲多。馬匹概由內蒙古及庫倫等地而來云。

鐵嶺縣。在北緯四十二度二十五分。東經百二十三度五十五分。位於盛京之東北。凡十五里。城爲長方形。周圍二十四丁餘。四方各設一門。城中備有警鐘譙樓。市街雖小。而家屋稠密。商業不甚繁盛。人口計二百餘。城之東方有關市。或貯藏貨物。或爲買賣等。距縣城西二十六丁。而臨於遼河。有一大村。名馬風口。運漕之貨物。皆於此處起卸。謂爲鐵嶺縣之商埠云。

鳳凰城。在北緯四十度二十五分。東經北二十四度。位置於鳳凰邊門之西。距二里。廣闊之平坦地。城爲方形。周圍凡二十丁。以磚爲壁。城之內外。人家稠密。南門外街市縱橫。買賣繁盛。人口凡二萬。此地爲由奉天府及營口等處。至朝鮮義州道路之要地。且爲物產之定期市場。又朝鮮使節來朝於北京之時。朝鮮官吏先禮遇於中國官吏之地也。地形。城之東有一里餘之平地。中有一河。名草河。西北凡十八丁。有小山脈。南半里有鳳凰山。爲此處近傍之高山。

岫巖。在北緯四十度十五分。東經百二十三度十分。城爲方形。城內有官署及官吏之屋舍。其他惟卑賤之民家而已。商業盡在城外。其街市一。凡十五六丁。又縱橫數條。大賈不少。人口凡一萬餘。家屋之搆造。概爲石造。建築極良。又有以滿洲之長春藤爲家屋之頂者。最覺嫻雅。此地有著名之大理石坑。且以玉石製作煙嘴、食器、花瓶等。陳列於肆者甚多。

地形。自大洋河西北來而繞城之二面。相距凡十丁餘。其對岸巖石壁立。南方凡隔二十丁。山嶺起伏。有由此處通大孤山港之道路。西爲山脈。其最近之處。不過十丁餘。

蓋平縣。在北緯四十度二十三分。東經百二十二度二十分。縣城卽古之蓋州城。爲長方形。南北長各七丁餘。東西長五丁餘。城壁甚堅。高三十尺。東西闢二門。城內有大小街市數條。縱橫可通。人口凡三萬餘。居城外者五分之一。在城之東南部亦有市街。城之內外。商賈甚多。各種貨物。充盈市中。以回回教徒爲多。縣城之南。以有蓋州河口之便利。至使此處之貿易日臻興盛也。地形西南二里餘而至蓋州河口。距北方凡四丁。山岡起伏。東南平原寥闊。其內僅河流一線而已。

海城縣。在北緯四十度五十二分東經百二十二度四十分。縣城爲方形。周圍凡一里餘。城壁高三丈四尺。各方設一門。中有十字形之大市街。市店駢列。街衢淸潔。城郭完備。滿洲各城中。罕有其比。較之遼陽州城。其規模雖小。然商業之盛。則出於其上者。因占地勢之要點故也。城之內外人口凡一萬以下。而在城內者居多。地形平坦。東北一帶。隔千山之山脈。二十丁至一里餘。西南接於城壁之下。有海州河以爲城之外壕。河之外部。曠野蒼茫。一望無極。且近傍之耕地。盡屬豐饒。

寬甸縣。在北緯四十度二十五分。東經百二十四度二十分。縣城以甎與黏土搆造而成。爲長方形。周圍一里五丁餘。城內三分之一。爲人家稠密之市街。商業亦繁盛。人口凡五千餘。本城爲由滿洲內部而通朝鮮之要地。光緒初年所新設者也。地形北方五丁餘。山峯聳立。巖石巍巍。不可攀登。南方一里餘。小山連亙。東方十八丁許。而繞大山脈。於此有小徑。可通太平哨。西方直接高山。項上有一廟。可以眺遠。又西南一帶。地作波紋狀。一里餘。有蒲石河。此處概爲黏土。降雨時。路途泥濘。殆不可行。

通化縣。在北緯四十一度五十七分。東經百二十五度三十分。係與懷仁縣同時新設者。城之周圍凡十六丁。作四方形。內部有縣衙及民房少許。東門外人煙稠密。市街商業稍盛。物產以高粱豆類及木材爲大宗。地形東方小山連亙。此中有小徑可通鴨綠江。東北可由帽兒山通於朝鮮。北方經海龍城輝發城而通吉林府。西方由汪清門新兵堡連於興京。西南通懷仁縣。實可謂盛京北部之小都會。且近傍富於礦山。貨物之輸運。待冬季冰凍之時而行之云。

懷仁縣。在北緯四十一度十五分。東經百二十五度十五分。位於鴨綠江以北十里餘之佟家河東岸。其縣城爲光緒初年所新設者。周圍凡二十四丁。爲八角形。以甎建築。成一小城。城內僅有衙署及兵營而無民居。東南西南及西北。各有一門。三門之外。城外略有人家。人口雖未繁殖。然逐年移住者多。數年之後。當可成一都會。地形東西南各距十五六丁。繞佟家河。南距九丁餘。而連山脈。爲近時新通朝鮮楚山府之道路。故爲自朝鮮通奉天府之要區。

安東縣。在北緯三十九度五十七分。東經百二十四度三十五分。此縣爲光緒二年所新設者。舊稱沙河子。人口凡四千。市街之南端。直臨鴨綠江。此處設稅關。徵輸出木材之稅。商業除木材外。尙有各種雜貨。輸出營口煙臺上海諸港。由朝鮮輸入米穀。其木材伐採於鴨綠江之上流十里至二三十里之地。由江流運送之。商賈多自山東及岫巖鳳凰城各地來者。

甯古塔。在北緯四十四度二十二分。東經百二十九度四十四分。位於瑚爾哈河之左岸。東南爲長白山脈。巍然聳立。藉爲屏蔽。瑚爾哈河由西來。繞城之東南而北流。天然成一大水壕。西北稍形開豁。以甃積甎石爲城壁。與吉林府城同。其高凡二丈。城之周圍凡十五丁餘。外牆一里二十四丁。東西較南北長。作長方形。東西南三面。各闢一門。北面不別設門。城內有副都統及協領衙署兵營倉庫。其他官舍二三。旗人及商賈多居於城外。市街東西二條。稍覺繁盛。其餘大槪爲旗人家屋。街道泥濘而且汚穢。通城東西之街衢。敷以木材。廣約六間。家屋以甎石或木材搆造而成。頗極堅固。人口合城之內外計之。約二萬五千。旗人居多。商賈十中之三四耳。此地別無產物。日用所需。雖槪仰給於南來之貨物。然所產穀物。如高粱、小麥、粟、蜀黍等。間亦有之。其他煙草鴉片亦有產地。又有鯉細鱗魚蝦米及鞋魚等類。土人呼鞋魚爲打巴哈。冬時獲魚甚多。

此城爲四達之地。東由三岔口通俄屬尼古里斯克及興凱湖一帶之地。南可由琿春向朝鮮慶源府及俄屬之波西圖港及海參崴港。北有通三姓城之軍道。月自瑚爾哈河下流三日可直至三姓。實爲吉林省東方之要衝。

此地氣候。初甚酷寒。近年殖民稍繁。季候漸變爲温和云。

三姓城。在北緯四十六度二十分。東經百二十九度五十五分。位於松花江與瑚爾哈河合流之東南岸。城周圍凡三十丁。壁高十三尺。四方各闢一門。市街東西較南北稍長。街道廣六尺。狹三尺。家屋或石造或木造。不一其式。人口凡四千。東西二街爲最熱鬧之處。有質庫木匠鐵匠鋪。又鬻魚獸肉野菜及日用各品。東西二門。有八旗兵之駐紮處。北門外有三姓古城址。僅存土壘。周圍有菜圃。人民散居其間。地形東方凹凸。山近連亙。又有松花江之支流。北隔松花而遠。有連峯一帶。俗呼四塊石山。西隔瑚爾哈河。有拉哈富山。西南一帶。茫無涯際。此處之松花江。南岸低而北岸高。江面凡三丁餘。而流勢甚急。有渡舟數艘。瑚爾哈河之西岸爲斷岸。河口之碇泊處。有一丈二尺餘。河船常有四五十艘云。

此城與甯古塔之通路。僅由牧丹江瑚爾哈河之別名流一路。西瓜、蒜、海米、海菜、海參等貨物。由甯古塔運來。自此地輸送穀類燒酒等物。本城近傍。農業大開。穀類之收獲雖多。然無餘裕輸出於俄屬及甯古塔等處。穀物燒酒等由呼蘭河城及巴彥蘇蘇等地方來者。更轉賣之云。蓋水運之便利使然也。他日以汽船運送。則此處必成一大商埠。

距此城東三十五里餘。有金廠。其南有太平溝。其北三里有樺皮溝。光緒三年。中國政府禁其掘採。未幾失業之徒。嘯集團結。恣爲開採。中國政府乃調兵制禁之云。

俄莫賀索落站。在北緯四十三度五十分。東經百二十八度二十三分。位於俄莫賀索落河之西岸。市街東西長而南北短。其南隅有兵營。人口凡一千餘。此地爲通吉林、琿春、甯古塔、等各城之要衝。晚近改築道路。架設橋梁。商賈之往來日繁。有日臻繁盛之勢。近傍之地質爲溼汚地。不適於耕種。麥粉等之食料。倶仰給於甯古塔云。

阿爾楚喀城。在北緯四十五度三十五分。東經百二十七度零五分。位置於松花江之南十一里阿爾楚喀河之左岸。伯都訥之東。凡五十里。此城爲雍正七年所建。高一丈三尺。周圍十八丁。有副都統駐紮於此。

此地繁盛。次於吉林府。人口有四萬。通衢二十三四丁。小街無數。通於其間。商肆稠密。內地之商業盛。而中國南省之陶器及他之製造品甚多。家屋之結搆。遜於吉林府。其近傍有回回教徒千八百戶。

本城之南二十四丁。有古城址。周圍十八丁餘。四周之土壁尚存。高一丈五尺。壁門內皆爲耕地。據土人言。爲金之金龍殿待客廳等之遺跡。聖武記曰。金興於混同江之南。伯都訥之東。三百里之地。殆卽此地歟。金之世祖居於今甯古塔之地。金史。初阿骨打起兵伐遼。率兵次於拉林云。今拉林在阿爾楚喀之西南十三里。海陵王之時。遷都於燕。因使毀其城池。故至今土人謂之敗城。宮殿之礎石。放棄於路傍者。皆甚巨大。其小而易取者已不存一物。故宮衰草。亦足慨矣。

拉林城。位於北緯四十五度二十五分。東經百二十六度三十分。爲吉林省之大市場。人口約有一萬五千以上。四周繞以牆壁。其廣雖略同於甯古塔城。然其商業則有出其右者。西南北三面皆爲平原。僅東方遠見有山脈延亙而已。

齊齊哈爾城。爲黑龍江省之省城。在北緯四十七度二十八分。東經一百十三度五十五分。其城在沙原中。故四方平坦。北西繞嫩江。凡距一里半。帆檣林立。又東北凡三里。有赴呼倫貝爾城之渡船。北東楡樹鬱蒼。村落散處。一望荒涼。浩無涯際。

城壁樹以木栅。而實以土。高一丈八尺。周圍凡十四丁。四方各啟一門。外郭繞以土牆。周圍一里二十四丁。東南北各有一門。但西門有二。各官署在城內。郭內商賈八旗及各種人民。雜居其間。其種族爲滿、漢、蒙古、回子、達瑚爾、鄂魯春、索倫等。言語雖各異。然大抵無不解漢語者。商賈以山西人爲多。人口凡五萬餘。市街南北長而東西短。家屋以甎石及木材爲之。屋頂覆以黏土。雜穀滿場。殊爲繁華。南門外之街衢有質庫、學舍、屠戶、肉店、粉房等。製粉概用馬磨。其他並百貨之商館並列而雜居。此地爲產物之輻輳點。故市常繁昌。大小麥、高粱、粟、菽、稗、藍靛、鴉片、煙草、獸皮等頗多。快鹿皮。滿漢武官俱愛用之。故其價亦貴。因人工而製出者。有馬鞍、鐵象眼之覆輪。又用瑪瑙石琢成之煙管嘴。均爲有名之物。呼倫貝爾之馬。由此地逕往東三省。充爲軍馬。此地及蒙古所產之牛羊豕。則輸送於愛琿而售與俄人。

呼蘭城。在北緯四十六度十分。東經百二十六度五十分。位於呼蘭河之左岸。設城壁。市街南北長而東西短。道路汚穢。且甚泥濘。家屋以石搆造者多。故外觀頗爲堅固。商賈百貨羅列。其交易之景況甚盛。人口凡六千餘。市街之東。有人家五十餘戶。此處名倉下。家屋每繞以菜園。本城近傍。以地味膏腴。穀類產出之額極多。設七十二官倉。蓄藏官穀。輸送糧食於墨爾根愛琿等各營。又輸送燒酒及穀類之舟楫。絡繹於河。市街之北端。北方有通北林子之道路。出巴彥蘇蘇之道。村落相望。多釀酒鋪。本城之東。距凡三里半。有呼蘭口子。此處有渡船。可至阿勒楚喀。又至松花江與呼蘭河之合流處。約有一里半餘云。

巴彥蘇蘇。在北緯四十六度二十五分。東經百二十七度三十分。位於松花江北五里餘之平坦地。繞以頹敗之土壘。東西北各設大小二門。南方僅設一門。南門及東北門外。有通三姓城之道路。至白楊木合而爲一。

市街東西長。南北短。通東西者。爲最熱鬧之市場。人口凡三千五百餘。有質庫釀酒鋪及其他銀匠鐵匠木匠鋪等。穀類因松花江之水利。而輸出於俄屬沿海州。其中白麵小麥子等。自陸地運於海參崴港云。街端有法國天主堂。以石材建築。高揭十字架於堂上。堂側設男女學堂。

墨爾根城。在北緯四十九度二十分。東經百二十五度二十分。本城西北繞嫩江。東南一帶多山陵。西有通呼倫貝爾之渡船。市街南北廣而東西狹。家屋以木爲之。矮陋不堪。約三百五十餘戶。人口凡三千五百餘云。

城係康熙二十六年所建。其構造與齊齊哈爾城同。爲四方形。每方長一丁四十間。四方各啟一門。每方面幷四隅。造成凸出部。以供側防之用。官衙兵營皆在此城內。

此城在齊齊哈爾愛琿兩城之間。水陸之咽喉也。凡由松花江來往於嫩江之大船。以此地爲限。今官民盡遵陸而行。不知有水運之便。是以貿易不盛。若汽船通行。則此地之形勢。必爲之一變。此航路可通吉林三姓等地。又可連絡黑龍江之水路。

此城以殖產未盛。遞送貨物。僅在一隅。至冬季有俄商來此。密買獸畜云。

興安城。在北緯四十九度四十分。東經百二十六度二十分。位於由愛琿至墨爾根道路之北方。在岡阜之上。爲光緒七年所新設者。以甎土築成。此地原爲兵備而設。移民之來集者不多。兵營之結搆粗笨。與通常之家屋無異。本城募集附近民人及黑龍江邊之鄂魯春人爲旗兵。使駐屯於此。爲滿洲北部一邊防。

愛琿城。（一名黑龍江城）在北緯五十度。東經百二十七度四十分。踞黑龍江之右岸。西南隔曠野而繞伊勒呼里阿鄰之山脈。東北一帶。盡屬江水。此地與俄屬犬牙交錯。彼我之往來頻繁。而交涉之事件日多。中國政府簡拔有文武之材幹者。使駐劄於此。爲邊境之重鎭。

本城係康熙二十三年所建。其搆造同於墨爾根城。四方樹木柵。各開一門。各方面長一丁四十間。一切官署。皆在城內。

市街東西短而南北長。家屋概以木搆成。市廛相連。稍形繁盛。戶數約四千。人口約一萬餘。蓋統計附近之部落而言也。商賈以山東山西兩省之民居多。聚土產之雜穀及獸畜而輸於俄屬。及收買西比里各礦私賣之沙金。商賈以此爲第一之宗旨。現今貿易之勢漸盛。商賈之下等者。概入於俄屬。其在白照夫琛斯科府者。約一千餘人。

陸軍

中國太祖（明萬歷二十九年）以滿洲之生齒日繁。諸部之歸服者衆。故分純色之四旗。以統其衆。第一黃旗。第二白旗。第三紅旗。第四藍旗。每旗三百人爲一牛彔。每牛彔設額員一人。滿洲語。牛彔者。矢之名也。

先是滿洲出兵校獵。每人各取一矢。每十人設長一人。以領之。稱其長名牛彔額員。太祖之時。始以此爲官名。

太祖削平諸部。歸附者益衆。故增設四旗。第一爲鑲黃。第二鑲白。第三鑲紅。第四鑲藍。其黃白藍均以紅色鑲之。紅以白色鑲之。合爲八旗。以統率滿洲蒙古及烏眞超哈（烏眞超哈名漢人）諸衆。當行軍之時。地廣則八旗並列。地狹則八旗魚貫而行。其編制以三百人爲一牛彔。設牛彔額員一人。以五牛彔而爲一甲喇。設甲喇額員一人。以五甲喇而爲一固山。設固山額員一人。又於固山之左右。設梅勒額員各一人。

天聰八年。太宗定八旗之管理。凡管理。不論官職。管固山者名固山額眞。管梅勒者名梅勒章京。管甲喇者名甲喇章京。以示其別。

崇德二年。設烏眞超哈之左右二旗。每旗設固山額眞一人。使分統所編烏眞超哈之牛彔。四年。增設烏眞超哈爲四旗。爲黃白紅藍之四旗。七年。增設烏眞超哈四旗爲八旗。其旗色與滿洲蒙古八旗無異。

順治十一年。世宗改滿洲語之八旗官名。以漢語稱之。固山額眞稱都統。梅勒章京稱副都統。甲喇章京稱參領。牛彔章京稱佐領。昂邦章京稱總管。又稱烏眞超哈爲漢軍。

康熙三十四年。設委署參領。使補助參領之職務。後改而爲副參領

八旗駐防之制。概爲土著。與漢土古時之屯田兵同。然歷年已久。軍紀頹敗。失驍勇之風。但於其部落區分旗人種類之名稱而已。至於軍隊之編制。一如無關係者。現今尙有一隊一伍爲各旗人混成者。八旗之名稱。恰如日本之源、平、藤、橘。各不同其姓也。

滿洲八旗之壯丁。其射御之術。漸至精練之時。於二八兩月。受騎射之試驗。其馬術精練。五射而五中者。始披甲。稱爲及第。在家尙領年俸二十四兩。服實役者。於年俸之外。更受相當之俸給。是旗人之未及第者概稱爲西丹。爲八旗兵之舊規。

東三省之兵備現今大爲改革。因與俄國有直接之關係。黑龍江吉林二省之邊防。最爲緊要。清國政府亦以有所警戒。故亟圖兵制之改良。

八旗練軍

八旗練軍者。由經制之駐防八旗兵。選拔而編制於改正之各隊。而訓練教育之。非特別召集增設新兵者也。同治五年。由盛京駐防八旗。選拔領催驍騎千六百名。編制騎步兩隊。編制蓋州熊岳開原義州等之兵爲洋槍隊五百名。訓練於營口。是爲八旗練兵之始。爾來漸增其數。略改其面目。但此爲練軍。其他尋常之旗兵。則更積弱而不可以資防禦。

盛京省之八旗練兵。爲提勝捷勝驍勇馬步各隊。其駐於盛京者。爲黃白紅藍正鑲八旗馬隊及礮隊步隊等。其餘諸隊。分駐於各地。其編制以馬步各隊五十名爲一甲喇。甲喇章京率之。合二甲喇而爲營。營總統率之。其下有馬夫五名。伙夫十二名。一營總爲一百二十名。合二營則協領統轄之。步隊合五營而協領統轄之。其下置長夫三十名。伙夫四十五名。五營之數爲六百七十六名。但現在之兵。有不符合於此編制者。

吉林省之八旗練軍。光緒六年。選拔吉林省城八旗之西丹而編制之。爲驍勇步隊。吉勝馬步隊。步隊營總管帶之。馬隊亦同。又有擡槍隊。此編制與他之馬步營雖同。分前後中左右五營。然兵員甚少。以十人爲一隊。合五隊而爲一營。擡槍隊者。城內市街之警察兵也。

馬隊計有七起。其編制以旗兵五十名爲一甲喇。甲喇章京管之。以五甲喇爲一起。營總管之。又七起分左右兩翼。翼長統率之。翼長專兵權。

黑龍江八旗練兵。光緒六年。因將軍定安之奏。由國庫出軍費銀三十萬兩。訓練八旗之西丹一萬人。由其中選拔五千人。編制爲練軍馬步各營。定時習練。不別設勇營。光緒十年。黑龍江城之西南廿里。新設興安城。收土著之鄂倫春人及達瑚爾人二百五十名。訓練。而編制爲步隊。屯駐於城之內外。又黑龍江之上流。至於諾里爾肯河之間。沿海岸建設二十五堡。屯駐練軍旗兵二十名及武弁一名。其他墨爾根、齊齊哈爾、呼倫貝爾、布特哈、呼蘭、等之各城。亦使練軍分駐。與經制之八旗兵共任防務。此兵備之大略也。

其編制以一甲喇爲五十名。其步、騎、礮、三兵。皆同此數。爲甲喇章京管轄之。屬於一甲喇之武弁。參領佐領防禦驍騎校之內二名。爲正副甲喇章京。以五甲喇爲一營。營總一員統之。書識或筆帖式一人、外郎一人附之。合二營爲一軍。統領一員統之。書識或筆帖式四人屬之。

勇營

勇者。於軍務緊急之秋。不論何種人民。凡喜爲兵者。召募之。編制於隊伍。稱爲勇。其在於楚募者名楚軍。在淮募者名淮軍。其營名或以統領名附之。或別選定之。不一其名。同治十二年以後。馬賊橫行之省內。歷次募馬步兵。編爲捕盜營。隸於各府州廳縣。專司緝捕之事。

勇營步隊之編制。以十人爲一隊。置什長。以百人爲一哨。置哨官。冠以左哨右哨中哨前哨後哨之名。屬於一哨之下士之數。哨官一名。什長十名。兵一百名。合計一百一十名。合左右中前後五哨爲一營。以營官一員統帶之。附屬書識或字識二人。一營之員數合爲五百五十七人。以五營爲一軍。分左、右、中、前、後。統領一人統之。或五營十營不一其數。一軍之數。合而爲二千七百九十餘人。統二軍以上者爲總統。更置親兵。但至其內部則各營不同。或一隊之正勇九名。合什長而爲十名。又有一哨之正勇爲八十一名。置什長九名。外附護兵十名。教習一名。伙夫由四五名而至十餘名。一哨之兵。計百十餘名。或有哨官之下置哨長。一營之中。中哨不置哨官。以營官直轄之。其親兵五十名爲正勇。五十名之外。附長夫（輸送輜重卒）二三十名。或有營官之下。置幫帶營官。又一軍之中營。不置營官。統領直轄之。其有爲親兵者。又更置親兵營。或有統領之下置副統領。又轄三營以上者皆有統領之名。總統轄二軍之時。一軍置統領爲左軍。或稱右軍。他之一軍爲親兵營。別不置統領。又管十數營之時。置統領於左右二軍。其餘數營有爲親兵營者。而武弁及勇丁之多寡不一定。又平時則不置長夫。

馬隊之編制。雖同於步隊。然兵員之數稍異。以五十人爲一哨。所屬之士官下士之數。爲哨官一名。什長五名。弁兵合計五十六名。以前後中左右五哨爲一營。其兵數並編制。不一定。同於步兵。爲營官一人管帶之。書識或字識二名。伙夫若干爲附屬之。弁兵合計爲二百八十餘名。合五營而爲軍。以統領一員統之。附書識或字識數名。

編置雖如此。然至軍務稍緩之時。常有缺員不補者。或人員減少不成爲一營者。有合三營爲二營者。又有一營之人員超過定額者。故現今人員每不符此概則。

史略

據中國之古史。而考滿洲人種。從滿洲領有朝鮮半島之年代。其由來甚遠。然未詳其爲何種族。據英國學士維廉孫之說。滿洲蒙古朝鮮無論矣。其他通古斯、瓦爾喀、費牙喀、愛琿、鄂魯春人等。本出於同種。而今日此數者之所以各不同者。以其風土地理使之然耳。

蒙古人棲息於亞細亞北部之曠原、故自成游牧之風。滿洲人居住於山間溪谷肥沃之地。故從事於農業。且有以捕魚獵獸爲職業者。就各歷史而通覽滿洲種族古今之事跡。如好鬪戰冒危險以望冀奇功者。史不絕書。英人密得氏之滿洲史曰。從來西洋人稱滿洲人爲韃靼人。以予觀之。此韃靼人者。指常使用駱駝而游牧之一部民而言也。以此名稱滿洲人。不可謂其不誤。按古史滿洲人之品位習慣。類於古今之游牧民。實與加拿佗及新英蘭之赤色人。無甚歧異。古時滿洲人區劃爲數部。各部有一部族。數部族有一酋長統轄之。酋長雖概世襲。然有時或出於推選。此數部中之最强盛者。時弄威權。壓制他部。其部族之名。以國爲總稱。恰與蒙古相同。

據中國及朝鮮之古史。研究滿洲種族古昔之事跡與其地理。錯雜甚多。難得其要。蓋中國之歷史。惟記其交通之時耳。其前後之顚末不記。又其所記載。歷朝各有異同。如朝鮮史亦然。其稍覺詳悉者。爲唐代以後之書。自唐以前。記載於史乘者。爲肅愼、扶餘、挹婁、三韓、馬韓弁韓辰韓勿吉、靺鞨、百濟、高麗、新羅、等國。各爲一部。酋長有强盛者。則併合各部。次第擴張其疆域。與他部爭戰。甲僵乙興。互爲興廢。如百濟、高麗、新羅。七八百年之間。爲三國鼎峙之形。爭鬪不止。閱朝鮮之東國通覽、三國史記等。則血歷史現矣。其事雖稍詳。然屬於滿洲地之事跡甚少。由唐以後。如渤海、遼、金、元、明、清、等。乃得詳其事跡。然僅記關係於中國本部者。如滿洲則記沿革之概略而已。

滿洲之地勢。北有興安嶺。南有長白山。西南枕渤海。東至日本海。興安長白二大山脈之中間。北有黑龍江。中部有松花江。南有鴨綠江。西有遼河。東南有烏蘇里江及圖們江。在於此二山脈之間。雖不知爲何種族。然古來有聚落之人民。而自爲封建之政治。考其種族之所興。皆興安嶺及長白山之谷地。卽爲滿洲東北部。由此地漸及於朝鮮半島。唐代以後。如渤海、遼、金、清、等。遂有滿洲之全部。略取蒙古及漢土者。無不由此而興。所謂北方之勇者耶。抑地理形勢使然耶。茲就今之歷史中。記載屬於滿洲之沿革如左。

肅愼（一作息愼 一作稷愼）

肅愼。散見於歷史者。如竹書紀年。帝舜二十五年。來朝獻弓矢。又於周時獻楛矢。秦漢之時不交通。（後漢書康王之時肅愼復至）魏晉之間。復來獻楛矢。滿洲源流者。肅愼負山襟海。地大而物博。風氣淳樸。故經虞夏商周而及於魏晉。傳世二千餘年不絕。後漢書謂其冠弁衣錦器用俎豆之事。誠非虛語。特自漢以後。始有歧稱耳。宋之劉忠恕稱金姓爲朱里眞。北音讀肅爲須。須朱同韻。合里眞二字呼之。則音近於愼。蓋卽肅愼之轉音。不知者遂以爲姓。又曰肅愼之疆域。僅見於後漢書及晉書。其國界南包長白山。北抵弱水。（卽黑龍江）東極大海。廣袤數千里。考之今之吉林黑龍江兩省之境。渤海之上京。乃肅愼之故城。爲今之甯古塔。遼時。遼陽府之肅愼縣。則爲遼所自置。雖各止一隅。要之皆爲肅愼之故地也。

肅愼氏之國於滿洲也。史傳之可考者甚尠。晉書云。肅愼在於不咸山之北。東濱大海。西接冠漫國。北極弱水。其土地廣袤數千里。不咸山卽長白山。弱水。黑龍江也。冠漫國。不知爲何部落。大海似卽指日本海而言。又金氏之祖爲百濟之一族。（或謂高麗人）起於甯古塔之地。以爲肅愼氏之部族。朱里眞謂是肅愼之轉音。如金人自稱爲女眞。恐亦爲肅愼之轉音也。

夫餘（扶餘一作）

夫餘。以後漢之初。通於漢土。自此以後。散見於歷史者。至於三國及晉代之後。漢書云。其國在元菟之北千里。地方二千里。最爲平敞。以員柵爲城。有宮室倉庫。以六畜名官。又晉書云。夫餘在元菟之北千餘里。其王之印文。稱濊王之印。國中有古濊城。武帝時。頻來朝貢。至大康六年。爲慕容廆所襲破。其王依慮死。其子弟走保沃沮。

夫餘國之爲何種族。雖不能詳其由來。然與肅愼先後起於滿洲。漢書及晉書。皆謂在元菟之北千里。元菟者。爲後漢武帝所置四郡之一。卽今之蓋平海城復州等各縣之地。滿洲源流考。謂自開原以北千餘里。皆夫餘之境也。南北朝之時。爲慕容氏所侵。又因百濟侵畧。西徙近於燕。尋爲高勾麗所分據。又曰。南接於高勾麗。東接於挹婁。本濊之地也。故魏畧。夫餘王之印曰。濊王之印。蓋本爲濊之地。而夫餘居之。其舊國爲豆莫婁。在勿吉之北千里。是夫餘始有極北。後乃兼有南陲。唐初。其地被幷於高勾麗。高勾麗旣滅而屬於渤海。有夫餘府。夫餘國之都地。夫餘府卽遼之黃龍府。今開原之地也。後漢書云。南接於高勾麗。自高勾麗之始祖朱蒙之時不遠。所謂卒本夫餘也。又挹婁之地。自奉天府至東極考之。則夫餘國自興安嶺山脈之東。嫩江水域。可達於科爾沁蒙古之地。如後漢書所云。地方二千里。尤爲平敞。其地勢亦與此符合。如以員柵爲城。則與現今滿洲之風習亦甚相類。夫餘國始自北起。與挹婁國鄰。漸南遂經開原盛京之地。由鳳凰城亙朝鮮。至於有濊沃沮等之地。故其印曰濊王之印。

魏略。北方有橐離國。其王之侍婢有身。王欲殺之。婢曰。有氣如雞子而來下。我故有身。後生子名東明。東明善射。王恐奪其國也。欲殺之。東明南走。王於夫餘之地。此說與高勾麗之始祖朱蒙同。又朝鮮史。以東明爲朱蒙之諡號。不知孰是。

夫餘一時極强盛。而臣屬挹婁。徵其租稅。漸南而併呑沃沮濊等地。後分四部。稱東夫餘。北夫餘。卒本夫餘。南夫餘。高勾麗之始祖朱蒙。自卒本夫餘起。百濟之始祖朴溫祚。自南夫餘起。其後夫餘之地。終被分割於高勾麗與百濟。北部被略於勿吉及挹婁。至晉代而亡。又夫餘土地膏腴。能生五穀。有人材。魁梧勁勇。交友有信。且溫誠也。武器用弓矢劍槍。善於騎馬。酒以穀物釀成。好歌舞飲酒。人多盃少。則甲飲而傳盃與乙。時洗之有獻酬禮。食用箸。家屋爲木造。收穫貯於倉。其市府無栅環繞。刑法甚嚴。宗教爲拜天。

夫餘人爲北方人種中最强勇者。其衣食有制度。富五穀。牧牛馬。習工藝。解交際政略。已有王。又有貴族。漢人呼之爲蠻夷。其開化蓋與其近鄰諸國無比類者也。當太古之時。四鄰游牧蠻族中得見如斯高尚之良民。不亦奇哉。或謂是當箕子闢朝鮮時。被其餘澤者云。或謂不然。方鴻荒之世。距漢土幾千里之北隅。當無封建制度萌芽奴隸約束之理。又夫餘國之南。有高勾麗國。位於深山窮谷之間。因本出於夫餘國。故其法律言語。兩國甚相似。或云。類於日本古代之風俗。而朝鮮人之始。以自高勾麗出。其爲夫餘人種也明矣。

挹婁

挹婁見於後漢之時。經三國至於晉。以其地居於滿洲之最東部。故與漢土交通甚少。後漢書云。挹婁。古之肅愼國也。在夫餘東北千餘里。東濱大海。南接北沃沮。北不知其所極。又晉書。肅愼。一名挹婁。在不咸山之北。去夫餘六十日程。東濱大海。西接冠汗國。北極弱水。廣袤數千里。居深山窮谷中。其路嶮岨。車馬不通。

挹婁爲肅愼之一部。後至强大。自以其部名而通貢於漢土。及夫餘盛而臣屬之。夫餘責其租稅。屢伐之。以其所在阻險。弓矢銳利。故不能服之。挹婁人常能乘船。至冬冰合。則下居於邑落或藏於巖穴。其所貢者楛矢石砮貂皮之類。考之挹婁與今之鄂魯春人及費牙喀人之風習相同。又其他如不咸山之北而極弱水。東濱大海。南接於北沃沮。可知乃散居於自吉林省之東部、烏蘇里江、黑龍江、等之水域者也。

滿洲源流考云。渤海大氏。始保挹婁之東牟山。遼金之時。尚有挹婁縣。即今盛京北之懿路驛也。滿洲稱巖穴爲葉嚕。懿路者。其轉音也。而又轉爲挹婁云。東牟山。盛京之天柱山也。若承德、鐵嶺、吉林、甯古塔、由奉天府治極東北者。皆挹婁之地也。又古肅愼之地。隋唐名靺鞨。魏晉以前。未分部族。魏晉以後。則分爲七族。愈繁愈廣。有非舊部之名所能賅者。要之挹婁、靺鞨、勿吉、等。皆爲古肅愼之一部。

三韓

杜氏通典曰。三韓通於後漢之時。一曰馬韓。二曰辰韓。三曰弁辰。弁辰亦曰弁韓馬韓在西。五十四國。其北爲樂浪。南通於倭。辰韓在東。十二國。其北接濊貊。弁辰在辰韓之南。亦爲十二國。其南接倭。凡七十八國。百濟者其一國之大者也。其大者萬餘戶。小者數千家。各家在山海之間。地方四千餘里。以東西海爲限。皆古之辰國也。其中以馬韓爲尤大。共立其主爲辰王。都於目支國。其諸國之王。皆馬韓之人也。

三韓之事跡。見於魏晉等書者。大抵皆同。中國歷代之史。多記國事。外方之事別無發見。皆因前史之文而記之。陳陳相因。雖數百年後之史乘。仍數百年前之語也。故三韓之事跡。不甚詳悉。三韓之俗。雜居於村落。居舍以木材作之。積土爲壁。辰韓者。其初爲秦之亡人。避苦役而適於韓國。馬韓之人。割東界之地與之。或遂名之爲秦韓。城柵屋室。諸小別邑。各有渠帥。貿易以鐵爲貨幣。小兒生。欲其頭之扁。皆以石壓之。弁辰與辰韓。雜居城郭。衣服皆同。其人皆長大而有美髮。刑罰嚴峻。

據乾隆帝之三韓訂謬云。此國之種族。亦由滿洲起。其風俗亦有同者。考其說。三韓建國之本末。諸史率多牴牾。以方位準之。蓋在今奉天府東北吉林一帶。而接壤於朝鮮。與國朝始基之地相近。國朝之舊俗。凡兒生數日間。置臥具。使仰寢。故腦骨自平。而頭形扁。斯乃自然之慣習。不足爲異也。

三韓之版圖。由滿洲之南。亙朝鮮全境。後被分割於高勾麗百濟新羅等。朝鮮之古史。記三韓之事不多。箕子之朝鮮國。則由遼東止於大同江之間。故三韓人民之先祖。爲古朝鮮之種族。今之朝鮮人民。多爲三韓之種族。當不容疑矣。滿洲源流考云。三韓在夫餘挹婁二國之南。所統凡七十八國。合之方四千里。馬韓在西。辰韓在東。又弁韓在辰韓之南。馬韓北與樂浪接。則所轄在今之蓋平、復州、金州。辰韓北方與濊接。濊之地。夫餘之境也。馬韓弁韓之南。皆與倭鄰。東西以海爲限。則併今之朝鮮全境。亦隸於封域。至於所屬諸國。多係卑離二字。當爲貝勒之轉音。而以三汗統諸貝勒。則於體制亦適相符合。又馬韓亦作慕韓。辰韓亦作秦韓。弁韓作弁辰。又作卞韓。當時祗以諧音。並非漢語。或有以三韓爲高麗者。蓋因宋史高麗傳。有崇甯後鑄三韓通寶之文。又遼史外紀。遼時。常以三韓國公爲高麗封號。遂謂三韓之地。盡入高麗。不知高麗之境。亦爲三韓所統。當時假借用之。未暇深考耳。至遼之三韓縣。乃取高麗俘戶所置。非其故壤也。

勿吉及靺鞨

北史云。勿吉一曰靺鞨。其部凡七種。其一名粟末部。與高勾麗相接。勝兵數千。多驍勇。其二名伯咄部。在粟末之北。勝兵七千。其三名安車骨部。在伯咄之東北。其四名拂涅部。在伯咄之東。其五名號室部。在拂涅之東。其六名黑水部。在安車骨之西北。其七名白山部。在粟末之東南。勝兵不過三千。而黑水部尤勁。自拂涅以東。矢皆用石鏃。卽古肅愼氏也。舊唐書云。靺鞨蓋肅愼之地。後魏謂之勿吉。南北朝之時交通者。初或稱勿吉。或稱靺鞨。唐之武德以後。總稱爲靺鞨。

靺鞨。自後魏以後。邑落各有部長。而不相統一。與隋唐諸國相通者。特其一部耳。唐初。七族之中。以黑水靺鞨及粟末靺鞨二部爲最强。餘無聞焉。靺鞨之疆域。南自長白山之谷地。北領松花江嫩江之水域。東經瑚爾哈河之水域。卽甯古塔三姓等地。而及於松花江黑龍江之會合處。且粟末部夾松北江而爲部落也。於歷史可徵。粟末者。松花江之古名。以之爲一部名者也。此部之長。有大祚榮者。高勾麗滅後。漸擴充其版圖。領有滿洲全部。唐之萬歲通天以後。改稱震國。又稱渤海國。爾後稱靺鞨。專歸於黑水部。更無稱勿吉者。黑水部居最北。後爲十六部落。其酋長名突地稽者。唐武德之初。以戰功封蓍國公。其子李謹行破吐蕃於靑海。授右衛大將軍。封燕國公。其後以黑水爲最大部落。唐置黑水府。以其酋長爲都督。然非統一。但羈縻之耳。爾後及渤海國興盛。與渤海國和附。渤海國之亡也。併有其東北部。和附於契丹。靺鞨七部之內。大抵被併合於渤海國。然黑水部。經五代至於宋。依然獨存。金之鼻祖。謂由黑水靺鞨起云。黑水靺鞨之疆域。其在唐時。統計其全部。北東際於海。至甯古塔。其西由嫩江至今之科爾沁部。西南至開原鐵嶺。歷史所記。南北袤二千里。東西千里者。蓋約略計之耳。又室建河東合於那河忽汗河。又東貫黑水靺鞨。故靺鞨跨水而有南北部。據唐之會要云。南接渤海國之德里府。又滿洲源流考云。渤海無德里府。恐爲德里鎭。在今之甯古塔城之西。以此考之。室建河者。爲黑龍江。那河者。嫩江。忽汗河者。瑚爾哈河也。唐宋諸史。以混同江卽松花江之下流。爲室建河。而與黑龍江謬混。其根據者間或有之。黑水靺鞨者。由今黑龍江省之地。跨松花江下流之右岸。以爲部落。而滿洲中部之種族。皆當爲靺鞨人之後裔也。

三國

三國者。百濟、高勾麗、新羅也。次於三韓。起於滿洲之西南部。建國於朝鮮半島。其始祖皆爲夫餘種族。創業之年代。在前漢之初。僅各距三四十年耳。後歷魏晉而迨於唐。七八百年之間。三國互相爭奪。干戈無已時。百濟及高勾麗。亡於唐高宗之時。新羅獨存。至後唐之時。歷九百餘年。唐以後冊封三國。在唐初。百濟爲帶方郡公。高勾麗爲遼東郡公。新羅爲樂浪郡公。百濟高勾麗二國亡後。唐之龍朔年間以後。置雞林都督府於新羅。以其王爲大都督。因如此名稱而考三國疆域之北部。可知皆在滿洲。迨渤海興。滿洲之地。總歸於大氏。大氏者渤海國王之姓也新羅僅據有朝鮮半島而已。當此三國之時。設官制。具刑法。置郵驛及市肆。貿易四方之貨物。知使用武器、農工、養蠶、圖畫、文字、歷法、貨幣、及磁石等。皆具於歷史。謂今日朝鮮人民之文化。基於此三國焉可也。

百濟之始祖名褞祚。高勾麗始祖朱蒙之二子也。避難而居於河南之尉禮城。以十臣輔國。因號十濟。後改國號爲百濟。系出夫餘。故以夫餘爲氏。或云夫餘王之後裔有仇臺者。始立國於帶方之故地。遼東太守公孫度以女妻之。遂爲强國。初以百家濟家。故號百濟。其風俗與高勾麗同。百濟初興於遼西。遂有遼東及馬韓之地。

此國初與漢交通。屢見於歷史。至晉代。制度大備。國分五方。爲中方東方西方南方北方。又分爲五部。上部前部中部下部後部。五方各置方領一人。一方所管凡十郡。內外民庶。其餘小城。咸分隸之。又封各親族功臣爲王侯。製漆器、陶器。織錦帛。令南地諸郡。使作稻田。迎晉儒者以興文學。聘西域僧摩羅難陀。使流布佛教。建立佛寺。鑄造佛像。其設官制。具記錄。則三國之內。以百濟爲始。

至唐代。百濟與高句麗靺鞨相約。取新羅北境三十城。新羅訴於唐。唐高宗顯慶五年。發兵十萬征百濟。以蘇定方爲神邱道行軍大總管。自城山渡海。百濟守熊津口。定方擊破之。乘潮而進。趨眞都城。復破之。執義慈王及太子隆等送於唐。遂平五部、三十七郡、二百城、七十六萬戶。分其地。置熊津、馬韓、東明、金漣、德安等五都督府。百濟之福祚。由前漢之鴻嘉三年爲國。至於義慈王三十五世。六百七十八年而亡。

其後百濟之僧道琛及舊將福信等。率衆據周留城。迎王子豐於日本而立之爲王。百濟之西部北部皆應。圍唐將劉仁願於府城數月。當此時。百濟之將士。互相猜疑。福信殺道琛。而百濟王又殺福信。唐淄青萊海之兵。皆渡海赴熊津。而前新羅王金法敏亦率陸軍而進。百濟王遣使於高句麗及日本。欲乞師。以拒唐兵。四戰於白江口。皆敗。百濟王脫身而走。不知所之。因是百濟之故地。均爲唐兵抄掠。城市破壞。田野爲墟。其民多歸於日本云。

百濟之疆域。據北史云。百濟始建國於帶方之故地。其國東極新羅高句麗。西南俱限大海。處於小海之南。東西四百五十里。南北九百里。按帶方郡。漢時割樂浪郡南疆所置。而今之海城蓋平地也。其東雖接於新羅及高句麗。然三國之地。犬牙相錯。互以爭奪爲事。

旋得旋失。故其疆界不能確定。梁代。百濟築長嶺城以備靺鞨。長嶺者。今之長嶺子。本新羅之地也。以此觀之。則其界有時及於興京之北。西南以大海爲限。大海指黃海而言也。百濟之都。在小海之南。雖不能指定其地。然初百濟所都。東西有二。曰固麻。曰居拔。後居於熊川。又滿洲源流考。百濟於晉代以後。盡得馬韓之故地。兼有遼西、晉平二郡。自置百濟郡。百濟郡。卽晉平郡。居拔城。卽晉平縣。實今之錦州、甯遠、廣甯之境也。又梁天監時。被破於高勾麗。馬韓之都。移於熊津。由是觀之。其疆域大概自遼東灣北廣甯錦義各府州縣之地。東南跨海城蓋平等縣之地。踰鴨綠江。極朝鮮之黃海、忠淸、全羅諸道。東西狹而南北長。其後被高勾麗掠遼東之地。以斷通中國之道。故取其途於海上。且唐人所置之五都督府。皆在朝鮮疆內。時百濟已失其北部地。百濟之地。後爲新羅渤海所分割。

高勾麗

高勾麗一名高麗。始祖朱蒙。夫餘人也。避難居於卒本水。因稱卒本夫餘。其地爲漢之玄菟郡。屬有三縣。高勾麗其一也。因以爲國號。後諡朱蒙爲東明云。北史云。朱蒙者。其俗稱善射者之辭也。夫餘王狩田。以朱蒙善射。給一矢。殪獸甚多。夫餘之臣欲殺之。朱蒙乃與二人走至紇升骨城。遂居之。號曰高勾麗。又滿洲源流考云。滿洲語稱善射者爲卓琳莽阿。急呼之。則轉音爲朱蒙。
高勾麗。前漢建昭三年。始建國於遼東。滅樂浪。取東沃沮。殺帶方之令。及魏臣毋邱險。降夫餘王。更擴拓其土地。於漢之末。以匈奴衰。寇右北平、漁陽、上谷、太原、等地。右北平爲今之順天府。太原卽山西省也。初都於鴨綠江之右岸。後徙丸都。及被慕容氏略遼東之地。渡鴨綠江。徙平壤。至隋時。復取遼東地。及於遼西。國分五部。爲內部、東部、西部、北部、南部、大城六十餘。每城置傉薩一人。使統督其餘之小城。其風俗。庶民衣褐。戴弁。女子首以幗巾。王及臣僚。革帶闊袴。以靑羅爲冠。以鳥羽金銀飾衣裳。喜奕。蹴鞠。食有籩豆、簠簋、罍洗。以草茨屋。惟王宮官府佛閣以瓦。冬作長炕。熅火以取暖。以峭法繩國民。尤好文學。至於窮里廝家。亦相勸勉。衢側構嚴屋。子弟之未婚者。相集誦經。習射。
唐初。高勾麗有蓋蘇文者。姿貌魁秀。美鬚髯。自稱自水中生以惑衆。身帶五刀。以金飾其冠服。大弄威權。終弑其王建武。立其子寶藏爲王。自稱莫離支。專國政。唐太宗親征之。率李勣道宗等諸將及靺鞨契丹之兵。大舉海陸並進。攻陷遼東數城。終不能拔安市城而旋。其後屢征之。亦不能達於平壤。蓋蘇文死。其子男生與其弟二人爭權。國勢大衰。唐高宗總章元年。再遣李勣等圍平壤。火之。城陷。因其王寶藏以下。收其國五部、百七十六城、六十九萬戶。割其地爲九都督。四十二州。一百縣。置安東都護府於平壤。使統轄之。又移平壤民三萬於江淮山南之間。其民奔新羅者多由始祖東明王至寶藏王二十八世。七百五年而亡。

據新唐書云。高勾麗東跨海而接新羅。南亦跨海而近百濟。北渡遼河接於營州及靺鞨。又高勾麗國有大遼小遼之分。大遼出於靺鞨之西南山。南歷安市城。小遼出於遼山之西。亦南流而與梁水合。有馬訾水。出於靺鞨之白山。其色如鴨頭。故名鴨綠江。經國內城。西與鹽難水合而入海。

平壤在鴨綠江之東南。鴨綠江以巨艫濟人。因特以爲塹。是爲唐代高勾麗之疆域也。由此觀之。高勾麗之疆域。東由平壤。於日本海卽朝鮮半島之東岸。與新羅接。南於黃海卽朝鮮半島之西岸。亦與百濟爲疆界。唐初。百濟通中國。多由海路。又因新羅訴於唐。有高勾麗塞朝貢之途等語。故屬於新羅百濟二國之滿洲地。當此之時。多爲高勾麗奪畧。達於唐之營州。卽今遼東灣之首地。北出入於古靺鞨。卽今開原鐵嶺之地。其疆內所在之江河。爲大遼、小遼、梁、馬訾、鹽難各水。小遼卽渾河。梁卽太子河。馬訾卽鴨綠江。鹽難卽佟家江也。其西域之全部。凡自東南由興京之北。至朝鮮咸鏡道。西南由錦州之地。遼東半島有百濟之故地。踰鴨綠江。達於朝鮮平安道。北及盛京之北。其後高勾麗之地。多爲渤海國所領有。

、新羅

新羅一名辰羅。又斯盧。始祖名赫居世。辰韓高墟人也。先是朝鮮之遺民。分居於東海岸之山谷中。爲六村。是爲辰韓六部。高墟其一也。或云初魏之毋邱險破高勾麗之時。其民奔於沃沮之地。後高勾麗復之。留其餘民。遂爲新羅國。故雜居漢土百濟高勾麗之人。乘有沃沮、不耐、韓濊之地。其王本爲百濟人。西海入於新羅。遂王其國。朝鮮史乘云。自始祖赫居世至二十二世智證王之時。始稱王。定國號。由此觀之。新羅始祖之興。雖先於百濟高勾麗二國。然其强盛。則後於二國也。

唐書。新羅爲弁韓之苗裔。居於漢之樂浪。東距長人。東南爲日本。西爲百濟。南瀕於海。北爲高勾麗。居於金城。呼城爲侵牟羅。在邑之內者曰喙評。在外者曰邑勒。喙評有六。邑勒有五十三。朝服尚白。好祭山神。其立官以親族爲上。其族爲第一骨第二骨以分之。食用柳桮。若銅瓦。元旦相慶。於是日拜日月神。男子褐袴。婦人長襦。見人必跪。則以手据地爲恭。女不粉黛。以美髮繚首。以珠綵飾之。男子翦髮。冒以黑巾。市皆以婦女貿販。冬時卽作籠於堂中。夏則以食置冰上。不畜羊驢驘少馬多。

新羅王之始祖爲朴氏。後朴昔二氏互立。最後爲金氏。因國亂而變。自國初始爲此例。然中葉以後。皆爲金氏。又時有女王。魏晉以來。輸入漢土之文物制度。更有可觀者。又信佛法。國王自方袍圓頂。以普渡國民。百濟高勾麗二國亡後。四疆小康。故國政大弛。亂賊蜂起。新羅王之支族。有弓裔者。自號泰封王。其部將王建殺弓裔。建高麗國。又有甄萱者。稱後百濟國。侵略南方之地。哀敬王四年。甄萱陷新羅之王都。弒王。盡掠其婦女百工兵仗珍寶而去。嗣後敬順王不能自立。委國而降於王建。其國遂併爲新高麗國。自前漢五鳳元年赫居世建國始。至後唐清泰二年而亡。更五十五王。歷九百九十二年。

百濟高勾麗。至唐代而亡。新羅王獨專威力。唐人封之爲樂浪郡王。新羅王因三韓之地。皆歸新羅統轄。治其積年之亂。使復太平。新羅屢遣使入朝於唐。又出少年使留學。凡百政事。盡倣唐室制度。佛教亦徧播於國中。其中最可稱者。爲國音。國字之發明也。據朝鮮國人之言。新羅慶州府有學士稱薛聰者。碩學英才。通印度中國之古文。歷年既久。遂製國字。名之曰吏讀。一曰吏套。用之而發朝鮮國音之妙。勝於日本之假名字云。但吏讀者。以漢字書文。惟假其音而不取字義。或曰。此文曰吏吐。如中國之俗文。

新羅之首府慶州。爲文學技藝之淵藪。堂塔寺院。四邊屹立。大厦高樓。聳入雲際。人皆稱全國之淨土。實貯藏天竺波斯漢土之奇寶。國中無比之美觀也。其後遭兵燹。盡成灰燼。此國隆盛之時。西域回教國人及大食國人等屢來遊。或探其地理。或寄寓而互市。故慶州之寶庫。蓄有天竺、波斯、大食國等之奇珍什器云。

據東國通鑑及文獻備考等書。新羅九州之區域。似不在鴨綠江以北。然唐之初年。以高勾麗百濟二國之地。使分轄於數都督府。其任都督者。皆高勾麗百濟二國之人。其實如附庸然。所謂爲羈縻州者是也。因之渤海及契丹等。多不用干戈而有滿洲之地。新羅亦有高勾麗百濟二國之地。新羅在隋唐之時。由中國册封以樂浪郡公。至初龍朔以後。以新羅國爲雞林州都督府。以新羅王爲大都督。其後嗣王皆因之。滿洲源流考云。雞林即今吉林。雞與吉音既相符。核諸地理亦合。唐龍朔之時。既兼有百濟高勾麗二國。與靺鞨渤海。壤地相錯。設此重鎭。王自領之。自後沿襲其號。吉林之故地。雖歸渤海。然都督之號。仍繫新羅。雞林遂爲新羅之通稱。遼宋以後。併於高麗。新勾麗因舉之而屬於高麗。王熙王照新高麗之被封爲雞林郡公。亦因其舊名耳。

又曰。以新唐書之高勾麗傳考之。高勾麗者。東跨海至於新羅。南跨海至於百濟。西北渡遼水。接營州。北接靺鞨。則是由今之奉天遼陽。南至鳳凰城渡鴨綠江。至朝鮮之咸鏡平安等道者高勾麗也。由今之開原廣甯、錦義、甯遠。南至蓋平復州金州。又東南跨海極朝鮮之全羅黃海忠清等道者。百濟也。新羅之境。東南自朝鮮之慶尙江源二道。西北直至今之吉林烏拉。又西近於開原鐵嶺。出入於高勾麗百濟之間。故百濟之東北東南。皆相鄰近。高勾麗介處其中。唐之許亢宗行程錄云。由咸州今之開原境至同州。今之鐵嶺境東方望大山。卽新羅之界也。遼史云。海州之東。界於新羅者是也。

新羅敬德王之時。改全國九州之名。於百濟之故地。置熊、全、武三州。於高勾麗南境之故地。置漢、朔、明、三州。朝鮮史乘云。此六州皆在鴨綠江以南。敬德王之時。當唐天寶年間。屬於滿洲之部分。旣被畧於渤海及契丹。然自此以前。靺鞨屢攻新羅之大嶺及長嶺之柵城。大嶺者。卽獨立之長白山也。長嶺。卽興京北之長嶺子也。以此考之。新羅之北境。可知由吉林出入於開原鐵嶺之間。如朝鮮史乘所載。以大嶺爲平安道一帶之山嶺。此說恐不甚當云。

渤海

渤海本爲粟末及靺鞨。而附屬於高勾麗者。唐之則天武后萬歲通天年間。適契丹李盡忠叛。殺營州都督趙翽。有舍利、乞乞、仲象、者。與乞四比羽及高勾麗種族。東走渡遼水。保太白山之東北。阻奧婁河。樹壁自固。武后封乞四比羽爲許國公。乞乞仲象爲震國公。比羽不受。武后命李楷固等擊之。時仲象已死。其子祚榮率高勾麗及靺鞨之兵。拒楷固。楷固敗還。於此建國。稱震國王。盡有扶餘、沃、沮、弁韓、朝鮮之故地。唐睿宗遣使。拜祚榮爲左驍衛大將軍渤海郡王。於是去靺鞨之號。專稱渤海。或云唐滅高勾麗。徙其民於河南隴右。高勾麗舊將大祚榮。收其餘衆。走靺鞨。保太白山東北。又徙於女眞之東牟山。建國號爲震。唐開元初。改稱渤海。

按中國史乘。大祚榮之建渤海國。在高勾麗亡後不過數十年。蓋高勾麗之地。雖一旦入於唐。然都督其地之各城者。皆高勾麗之舊臣民。故大祚榮不用干戈而擴張版圖。唐之李勣奏狀云。鴨綠江以北未降之城邑。有十一。高勾麗之餘燼亦有未滅者。唐之安東都護府。初置其治於高勾麗都所之平壤。後徙於遼東城。又徙新城。又徙平州。天寶二年。徙於遼西。後遂廢。是唐初不能全有高勾麗之地。因無可保其地。故所置之都護府。次第徙於西。至大氏之盛。遂舉而委棄之。加之大武藝之時。有踰海抄掠登州。殺其刺史韋俊之事。唐帝不能大舉征之。惟命新羅王出兵於渤海。以牽制其後而已。至大秀仁之時。伐新羅。略其地。服靺鞨諸部。改置郡邑。其驍勇智謀。出於他國之右。當時有渤海國王人當一虎之語。又文物制度。皆倣於唐。置五京十五府六十二州。常遣學生於唐。使學文藝。故唐時渤海人之登科者。前後有三十餘人云。

續通考云。遼之太祖。親征渤海之大諲譔。拔夫餘城。誅其守將。遂圍攻忽汗州。破其城。使兵衞其王諲譔及族屬而出之。改渤海爲東丹國。忽汗城名天福。册封皇子貝爲人皇以居之。送大諲譔於皇都之西城。名之曰烏爾古。其妻曰阿勒札。改夫餘府爲黃龍府。世爲遼之重鎭。是爲後唐之天成元年。朝鮮史云。此時渤海世子大光顯奔於高麗。前後來者數萬戶。高麗王賜光顯姓名曰王繼。以白州使奉祀。由大祚榮至大諲譔。凡十餘世二百餘年而亡。

滿洲源流考。參考諸書曰。渤海據黑水靺鞨之南。實靺鞨之粟末部也。南併百濟地。北兼黑水。幅員五千里。在東方爲最大之國。大氏自唐則天武后時建國。至後唐二百餘年。宮府制度。燦然大備。其世之傳受。及使命之往來。史皆詳述。惟遼記稱天顯元年。太祖破忽汗城。獲其王大諲譔。遂併其地。改渤海爲東丹國。諸書皆有取夫餘一城。以封托雲之語。太祖既崩。渤海王復攻夫餘不能克。當此之時。似諲譔尚在。宋太宗時。有賜渤海琰府王之詔。徽宗時。有買戍於登州以巡防渤海之奏。似其國至北宋之末。猶存。考之通鑑及册府元龜。諲譔旣被俘。統兵而攻夫餘城者。其弟也。遼記所載。渤海諸州被遼攻得者。惟忽汗城及西南二京。南京者。止南海一府。西京未得者。尙有東平安遠等六府。其東北境。未屬於遼。卽長嶺、南海、鄭頡、定理、諸府。亦屢平屢叛。遼聖宗十四年紀云。渤海侵鐵驪。遣奚王討之。不能克。二十一年紀云。渤海來貢。是忽汗被破之後。壤地與遼相接者。雖已入於遼。然國人收合餘部。別自立爲王也。五代史宋會要通鑑。通考。皆謂止取夫餘一城。册府元龜。有後唐遣人送渤海王憲歸國文。長興淸泰之間。使命往來。則可知仍世居其國也。第爲遼所隔。又以石晉臣於遼。遂不復至耳。

渤海王。大武藝大擴疆宇。大秀仁又定新羅。略諸部。置郡邑。大彝震建五京十五府六十二州。卽唐史所載者是也。其地値契丹侵略時。併合改置。變其地名者多。故於遼史亦僅存其梗概耳。今參考諸史。記載其位置於左。

上京龍泉府。（又龍非府）領龍、湖、渤、三州。文獻通考云。唐天寶之末。其王大欽茂徙於上京。當忽汗河之東。又唐之賈耽道里記。渤海王城。臨忽汗海。忽汗河卽瑚爾哈河。忽汗卽鏡泊。又稱必爾騰湖。忽汗河之東。臨忽汗海。則指自必爾騰湖上流者。當在甯古塔之西必爾騰之一隅。又盛京通志云。甯古塔城之西有古城。或卽上京之舊地乎。

中京顯德府　領盧、顯、鐵、湯、榮、興、六州。遼史云。渤海之中京顯德府。天顯三年。升爲南京。十三年。改南京爲遼陽。卽今遼陽州之東。此府所轄最廣。西北達於醫巫閭山云。

東京龍源府。又柵城府　領慶、鹽、穆、賀四州。遼史云。東京開城府。本濊之地。而渤海爲東京龍源府。又大淸一統志云。遼之開城府。在朝鮮咸鏡道咸興府之西北。爲高勾麗之慶州。渤海之東京龍源府也。遼太祖平渤海。城廢。遼末入於高麗。本爲柵城之地。而高麗稱龍源縣。則此府在朝鮮咸鏡道之南端。臨於日本海之地者也。又新唐書云。龍源府東南瀕海爲日本道。據此則渤海屢通貢於日本。當自朝鮮之元山津近傍行船而往也。

南京南海府。　領沃、睛、椒三州。大明一統志云。海州衞本蓋牟之地。爲高勾麗之砂卑城。而渤海之南海府。卽今之海城縣是也。新唐書云。渤海之南海府。爲新羅道。此時渤海之南鄰。總爲新羅地。此府爲新羅人交通中國必由之道。故名之。

西京鴨綠府。　領神、桓、豐、正、四州。遼史云。淥州鴨綠府本高勾麗故國。而渤海之西京府也。城高三丈。廣二十里。其位置。諸書雖未指定其處。據賈耽道里記云。自鴨綠江口。舟行百餘里。以小航泝流東北三十里。至泊約口。又東北泝流二百里。而至神州。神州爲鴨綠府負郭之州。則此府當自江口在七百三十中國里之上流。鴨綠府爲朝鮮道。其爲古朝鮮之地乎。

長嶺府。滿洲源流考作長領府 領瑕、河、二州。遼史云。太祖天顯元年。攻長嶺。八月下長嶺府。滿洲源流考。今吉林之西南有長嶺子。滿洲語爲歌爾敏朱墩。南接納嚕窩集。北接庫勒納窩集。長白山一嶺。環繞至此。爲泉水分流之地。又新羅記。靺鞨燒長嶺之五柵。卽此地也。長嶺府爲營州道。今廣甯、義州、之地。爲唐之營州地。東西相通之道也。

夫餘府。 領扶仙、二州。遼史云。東京黃龍府。本渤海之夫餘府。太祖平渤海。還至於此。更名黃龍。後移城於東北所屬之黃龍縣。新唐書云。夫餘府爲夫餘之古地。常屯勁兵。以捍契丹。契丹道。卽今之開原縣也。

鄚頡府。 領瀋、高二州。遼史云。高勾麗置鄚頡府。渤海因之。金史云。東京韓州。本渤海之鄚頡府。滿洲源流考云。今科爾沁左翼之東南四百七十里。有阿勒瑪圖城。近開原邊外。卽韓州之故城。當爲渤海之鄚頡府也。

定理府。 領定、瀋二州。新唐書云。定理府爲挹婁之故地。遼史。瀋州挹婁縣。遼嘗於此置定理府刺史。本爲挹婁之故地。滿洲源流考。以金史參考之。近於鐵嶺縣之南者。爲金之挹婁縣。卽定理府所統也。又此地有范河淸河。因此則定理府在鐵嶺之南承德縣之北者也。

安邊府。　領安、瓊二州。滿洲源流考云。遼之安州。卽渤海之安邊府。金之歸仁縣。而隸於咸平府。謂此地應在開原邊外。松漠紀聞云。由信州二百九十里。至於安州之南鋪云。大淸一統志。謂信州爲越喜之古地。當鐵嶺之東北界。按由信州二百九十里。則當在現今吉林與盛京疆界之近傍也。

率賓府。　領華、蓋、建三州。新唐書謂率賓府爲率賓之故地。金史云。上京率賓路。遼爲率賓府。置刺史。本率賓之故地也。西北至上京。一千五百七十里。東北至瑚爾哈。一千一百里。西南至海蘭。一千二百里。北邊界至威伊克阿林。二千里。滿洲源流考。謂以金史之道里計之。則率賓之故府。在今之額多力城之南云。

東平府。　領伊、蒙、沱、黑、比、五州。遼史云。遼州本拂涅國城。渤海爲東平府。太祖伐渤海。先破東平府。遷民實之。故東平府。都督伊、蒙、沱、黑、比、五州。共領十八縣。滿洲源流考。遼之遼州。渤海之東平府。在今廣甯東北。遼之東平府治。爲遼濱縣。當在今承德縣西北云。大淸一統志。遼之遼州。在遼河西岸。今有遼濱塔。卽此爲承德廣甯交界之地云。

懷遠府。領達、越、懷、紀、富、美、福、邪、芝、等九州。遼史。謂信州本越喜故城。渤海置懷遠府云。

滿洲源流考。懷遠府當在渤海邊界。所統之州最多。其可考者。惟富、美、福三州。餘盡爲遼所廢。信州故城。科爾沁左翼東南二百八十里、有古城。土人今猶呼爲信州城云。

鐵利府。領廣、汾、蒲、海、義、歸、六州。遼史謂廣州乃渤海之鐵利府。太祖移渤海人居之云。金史。瀋州之章義縣。爲遼之廣州。有遼河東梁河云。明史。章義古城。在瀋陽中衛西南六里。有章義站云。明之瀋陽中衛。爲今盛京城。此府爲盛京近傍之地。東梁河卽濱太子河者也。

安遠府。領甯、郿、慕、常、四州。滿洲源流考。謂甯慕常三州。皆當在朝鮮地。郿州其爲安平道之買州乎。元代入東甯路。本高勾麗之平壤也。雖此府之位置不詳。然如以郿州爲負郭。則府治亦當在朝鮮之平壤也。

滿洲源流考曰。渤海。五京五府之外。爲長嶺等十府。長嶺在吉林之西南。夫餘在開原。鄚頡在開原邊外。科爾沁界。定理府在鐵嶺以南承德界。安邊府亦在開原邊外。率賓府與本朝發祥之額多力城相近。東平府在廣甯東北。懷遠府在鐵嶺。鐵利府濱於太子河。安遠府在朝鮮界。其後所屬之州。半廢併於遼時。其因革可溯者尚多。又有郢、銅、涑三州。不隸於府。合之而爲十五府。所屬之州有六十。與唐書所稱六十二州之數不符。考遼史。則又別有蓋、崇、集、麓、四州。通考唐書。皆未載之。今以地理考之。蓋、集、二州。與顯德府屬之鐵州廬州相近。當時或有併者。歷史不能詳。崇州疑即榮州。以字形相近。而誤與其麓州。則原史未詳。

渤海國之疆域。文獻通考云。在營州之東二千里。南爲新羅。以泥河爲界。東極海。西有契丹。據此則今之廣甯。於唐爲營州之東境。其東二千里者。當指渤海之上京而言。當時渤海所屬之地。及於遼河之西。與營州接壤。其南概與新羅相接。渤海王大秀仁之時伐新羅。大啓土宇。不僅滿洲之地而已。朝鮮之北部。旣併合於渤海。朝鮮史乘云。此時新羅之東北。以泉井郡之炭項關爲渤海之界。今之德源也。西北以唐嶽縣爲界。今之中和也。由中和東經今之祥源遂安谷山而抵德源。皆其邊塞也。其外如今咸鏡平安二道。皆爲渤海所有。按契丹之李盡忠死後。唐於老哈河之右岸置松漠府。以契丹之酋長爲都督。以鎭撫之。故其勢未猖獗。契丹所屬之地。其東止於興安嶺山脈。爲今之直隸東北部長城外一帶。尚未略遼東地也。今考渤海國疆域之梗概。北跨松花江。南有朝鮮之咸鏡平安二道。東抵日本海。西踰遼河。而達於科爾沁部界。則唐人稱爲東方之盛國。不亦宜乎。

遼

唐書曰。契丹本東胡種也。其先爲匈奴所破。保鮮卑山。魏青龍中。部酋比能稍稍桀驁。爲幽州刺史王雄所殺。衆遂微。逃潢水之南黃龍地。元魏時。自號曰契丹。阻冷陘山以自固。射獵。居處無常。其君大賀氏。有勝兵四萬。分八部。屬於突厥。與奚戰不利。輒遁保鮮卑山。其風俗與突厥大抵略同。人死不墓。以馬車載尸入山。置於樹上。子孫死則旦夕哭。父母死則否。貞觀三年。太宗伐高勾麗。悉發酋長與奚之首領。使從軍。以其長屈哥爲左武衛將軍。屈哥舉族內附。乃置松漠都督府。以屈哥爲都督。賜姓李。後屈哥之孫盡忠等。殺營州都督趙文翽。自稱爲無上可汗。縱兵四畧。唐命二十八將伐之。皆敗績。俄而盡忠死。以盡忠從母弟失活爲松漠都督。其後數世至欽德時。號令不振。其八部之長。既三年則更之。以此爲法。耶律阿保機(太祖)遂別建旗鼓。不從此令。自號爲王。建國。而大賀氏遂亡。

遼之先爲契丹達瑚爾氏也。契丹之名。不知其所自。然達瑚爾氏則載入滿洲姓氏錄。與現今黑龍江沿岸俄屬後貝加爾州之土著達瑚爾人爲同種。當無容疑。契丹據滿洲之地。歷有年所。太祖略中國之北部。其制度文物。取於漢土者雖多。然於古史中觀之。其存達瑚爾人之風習者。亦往往有之。太祖曾語人曰。吾雖能漢語。然絕口不道之。以效於漢恐至於怯弱故也。如遼史中所記鴨子河及混同凍合之時。遼帝自往穿其冰。釣魚以開宴。謂之頭魚宴。又置官彘人獐人鹿人等以獵獸。爲歲時之常例。是皆達瑚爾人之風俗也。達瑚爾人信薩滿教。其疾病出入。必以薩滿祈禳之卜其吉凶。一如薩滿所言。遼帝之攻伐進退。皆使薩滿卜之而後行。又唐書所記如掛尸於樹上。不埋葬。皆本於薩滿教者也。

當漢時匈奴强盛。凡居於沙漠南北之通古斯種族。皆被驅除。多移住於興安嶺山脈。如鮮卑、奚、蠕蠕、室韋、契丹之類是也。其匈奴之衰滅也。回紇爲盛。自西徂東。由賀蘭山踞有陰山。當此之時。契丹屬於回紇。至唐之盛。則屬於唐。迨唐及回紇衰。契丹由滿洲西沙漠以南。略中國之北部。建大國。經五代至於宋。分爲南北。

太祖姓耶律。名阿保機。字啜里只。生於唐之咸通十三年。祖母以其骨相異常。懼有陰圖謀害者。鞠之於別帳。塗其面。不使見人。旣長。智勇多略。身長九尺。面豐上銳下。目光射人。彎三百斤之弓。號爲達馬狘沙里。素有大志。伐室韋及其他諸部克之。國人稱爲阿主沙里。梁貞明年間。國人推戴爲皇。卽位五年。討東西奚部平之。盡奚霫之地。東際海。南及於白檀。西越松漠。北至潢水。五部皆入版籍。神册元年。征突厥、吐渾、党項、沙陀等部。天顯元年。降渤海國。封其王大諲譔爲東丹王。又封石敬瑭爲晉帝。使歲貢帛三十萬匹。漢之劉知遠。南唐之李昪等。皆遣使來貢。制契丹字而頒行之。特限契丹人授漢官者。許與漢人結婚。至此漸擬漢土之制云。

太宗之大同元年。建國號曰遼。石晉亡。取晉之諸司、僚吏、嬪御、宮寺、方技、百工、圖籍、曆象、刻漏、樂譜、鹵簿、法物、鎧仗之類。送之上京。回紇、波斯、大食等國。皆遣使修好。伐女眞。降高麗。與宋太祖屢戰於沙河白馬嶺等地。

聖宗之統和二十年。宋遣李繼昌請和。約每歲輸銀十萬兩。絹二十萬匹。後宋於銀絹各增十萬。於文書中稱貢。每歲送至白溝。

天祚之乾統元年。以生女眞酋長阿骨打 金太祖 襲節度使之職。阿骨打率其弟吳三買粘罕、胡舍等來朝。適遇頭魚之宴。王命阿骨打起舞。阿骨打辭之。頗形跋扈。由是始相疑貳。天慶三年。阿骨打突率五百騎至咸州。吏民大驚。由是遇帝召。輒稱疾不至。四年。阿骨打攻江甯州。遼軍敗績。咸、賓、祥、三州鐵嶺及兀惹等地皆叛入女眞。五年。女眞陷黃龍府。女眞使人來戰。帝大怒。使騎兵五萬步卒四十萬至於斡鄰濼上。自指揮之。至於騶門。與女眞戰於護步答岡。敗績。盡失其輜重。七年。女眞攻春、泰二州下之。其東北諸軍。不戰自潰。

渤海國人皆降。帝册金主阿骨打爲東懷國皇帝。欲結和。金主責其册文無兄事之語。且不言大金而言東懷。保大二年。金既下上京、中京、及澤州。帝出居庸關。至鴛鴦濼。金兵追行宮。帝從五千騎逃於雲中。遺傳國璽於桑乾河。金又取西京。沙漠以南諸部族皆應之。帝遂逸至應州新城之東六十里。爲金將完顏婁室等所獲。金主降封帝爲海濱王。以疾終。自太祖至天祚。九世。二百十八年而亡。

遼之建治以道。統轄州軍縣。以五京分爲五道。其下有若干州、軍、縣。其沿革不可枚舉。故記五京及疆界所設置之州軍。以見其版圖之概略。

上京道臨潢府。　今內蒙古巴林部之北。臨西喇木倫河之濱。大清一統志云。城高三丈。幅員二十七里。爲契丹之舊地。名西樓。遼天贊之初。攻燕及薊之地。以其俘戶充之云。

中京道大定府。　今內蒙古喀喇沁部右翼之南百里。在老哈河北岸。周二十里。即元代稱爲大甯城者。俗名巴爾漢城。又名察罕蘇巴爾漢城。

東京道遼陽府。　今盛京省遼陽州也。

南京道幽都府。　今直隸省順天府也。

西京道大同府。　今山西省大同府也。

五京之外。如率賓府者。但存渤海之舊名。而與五府異也。
慶州。今內蒙古巴林部之西北百三十里。在喀喇木倫河之傍。蒙古名爲插漢城云。
祖州。今內蒙古巴林部之北。有遼太祖廟。
以右二州爲西北之疆界。
長春州。今吉林省伯都訥近傍。而內蒙古之杜爾伯特及扎賴特之二部。爲此州之北境。
甯江州。今吉林省打牲烏拉也。
率賓府。今吉林省甯古塔地。爲渤海之舊府。
以右一府二州爲東北之疆界。
保州。定州。今朝鮮平安道之地。渤海之舊地也。
以右二州爲東南之疆界。
天德軍。今內蒙古吳喇忒部之西北。本中受降城之地也。
東勝州。今內蒙古鄂爾多斯部之西。爲黃河灣曲部河套之地也。
以右一軍一州爲最西之疆界。

上京臨潢府。爲遼之故壤。契丹達瑚爾氏所據之處也。中京大定府。爲奚王建牙之地。聖宗統和二十四年城之。實以漢戶。爲中京大定府。遼陽府本稱南京。其後太宗取幽州。以南京爲東京。以幽州爲南京。又以大同府爲西京。分此五京五道。以統轄其區域。以天德東勝之一軍一州。接回紇及夏國。以慶祖二州。轄北地之小部。以長春江甯二州。爲防禦生女眞。以保定二州。備女眞及高麗。南以滄恆易定各州之地。常與宋交爭。遼之全疆。其西由沙漠以南蒙古之地。包括直隸山西陝西之北部。其東自盛京吉林二省。以至朝鮮之平安道。以甯古塔爲最東界。以遼之疆域。比之渤海。雖廣袤超越。然其東部卽在滿洲。不及渤海之所屬者。遼太祖下渤海。其全國雖入於遼。然新羅亡後。高麗國興。而略平安道。同時黑水靺鞨一部之女眞。亦漸南而略有圖們江南岸之地。當此之時。遼專用兵於中國北部。亡石晉。與宋交戰。不暇東顧高麗女眞二國。止使命冊封之。尙無征伐二國之舉也。

據朝鮮史乘云。遼與高麗之界。在今定平府之都連浦。而咸州等九城。乃高麗興。破女眞所築者。尋卽撤還。今慶源、鏡城、富甯、會甯、鍾城、興京、穩城等府。皆朝鮮國所闢也。又遼滅渤海。所經營者。僅鴨綠以北耳。鴨綠之南。惟保定二州。其餘皆爲女眞所據。按渤海東京及南京之地。皆爲女眞所據。遼之不能始終有之可知矣。北盟會編云。遼太祖遷女眞之大姓數千戸置於遼陽之南。使可得與本國相通。名曰哈斯罕。稱之爲熟女眞。由咸州之東北分界而入於山谷。至粟末江（松花江）中間所居之女眞。隸於咸州兵馬司。不許與本國往來。無所謂熟女眞。亦無所謂生女眞。名曰輝發。自粟末江之北處於甯江之東北界者。曰生女眞。遼國之沿邊。有爲羈縻道者。據此則遼疆域之屬於滿洲者。可知北不踰松花江。南至鴨綠江。東止於甯古塔。其府州併省分合而存渤海之舊者。不過十之二三耳。

金

金之先本出於靺鞨。始附屬於高勾麗。五代時。附屬於契丹。在其南者。入遼籍。號熟女眞。在北者。不入其籍。號生女眞。因地有黑龍江長白山。故號白山黑水。其初未顯。始祖諱函普（一作哈富）初自高麗來。年已六十餘矣。其兄阿古迺好佛。不肯從。仍居留於高麗。獨與弟保活里俱。居完顏部僕幹水之涯。保活里居於耶懶。久之而完顏部之人殺他族人。交惡鬨鬭而不能解。語始祖曰。若能解此怨。部有賢女年六十未嫁。願以相配。仍爲同部。始祖自往諭曰。殺一人而不解鬭。則損傷益多。誅首亂一人。納償部內之物。不僅止鬭。且可獲利。怨家從之。乃爲約。納其家口一、馬牛十、金六兩。於是部衆信服。謝以青牛一。並許歸婦。始祖卽以靑牛爲聘禮。納之。兼得資產。後生男。長曰烏魯。次曰斡魯。遂爲完顏部之人。烏魯之子。長曰跋海。季曰輩魯。黑水舊俗。無室廬。負山水。坎其地。梁木於其上。覆以土。夏則出隨水草。冬則入處其中。遷徙不常。跋海之子綏可。與輩魯俱從居於海古水。耕墾樹藝。始作室。有棟宇之制。人呼曰納葛里。因此遂定居於按出虎河（阿勒楚河）之側。生七子。長曰石魯。石魯之子曰烏古迺。既長能役屬諸部。遼之邊民多逃歸之。爲遼主生女眞部之節度使。稱爲都大使。其子劾里鉢。膽勇而有材略。使襲節度使。次頗刺淑。次盈歌。兄弟以次相傳。劾里鉢死。使頗刺淑襲之。後追謚劾里鉢爲世祖。頗刺淑三年而死。盈歌代之。盈歌使其姪阿骨打、伐諸部。阿骨打致盈歌之教於統們、渾蠢、耶悔、星顯之四路。及嶺頭諸部。使自今勿復稱都部長。盈歌死。世祖之長子烏雅束嗣。烏雅束死。其弟阿骨打嗣。是爲金之太祖。

大金國史。謂金國本名珠里眞。後訛爲女眞或慮眞。爲肅愼氏之後。渤海之別族也。唐貞觀中。靺鞨來中國。始聞女眞之名。世居於混同江東。元魏所謂勿吉。唐所謂黑水靺鞨者。今其地也。滿洲源流考。辨金之上京海陵非甯古塔之地曰。以松漠紀聞北盟會編等所載之里數考之。則金之上京距混同江二百六十里。以今道里按之。則色齊窩集嶺上有故城址。相傳爲金時之關門。其或然乎。蓋由吉林東十里。過混同江。經尼什哈店、交密峰、額穆店、納穆窩集、山神廟、拉發店、推屯店。達色齊窩集。色齊窩集在吉林城外、混同江之東二百四十里。距甯古塔三百九十里。又按出虎非瑚爾哈河。以其音與其地則疑爲阿勒楚喀水。金史云。以國有金水之源。故爲國名。則史家附會之辭。不足爲憑。滿洲語愛新爲金。按出虎爲耳墜而非金。大金國史亦謂國產金。及有金水之源。金源之稱。始於遼之中京地。有金源縣。因地有金旬。故名。金及元並因之。在今喀喇沁右翼之地。金源之稱。因與出虎無涉。太祖建國之詔云。鑌鐵雖堅亦變。惟金不變。於是國號大金。非因水而取名也。

又辨金始祖之出處曰。新羅與高麗。舊地相交。遼金史中。往往二國互稱而無分別。以史傳按之。新羅王金姓。相傳數十世。則金之由新羅來無疑。建國之名。亦應取此。

靺鞨之種族。唐以後。自滿洲之東北部。蕃衍於朝鮮之北部。其部落之顯者。爲黑水及粟末二部。粟末部開渤海國。黑水部興金國。其女眞之名爲肅愼之轉音。猶如滿洲之始名珠申。女眞爲滿洲東北部各部族之總稱。而以生熟分之。具見於遼史。現今自黑龍江之下流居住於烏蘇里江水域之種族。稱瓦爾喀人。譯之爲金人。或當爲生女眞之遺種也。

太祖姓完顏。諱阿骨打。世祖之第二子也。世祖見遼政日衰。使坐之於膝。撫其髮曰。此兒長大。必有所成。甫成童。卽善射。遠至三百二十步。全部無及之者。太祖聞遼主驕肆廢弛之狀。始欲伐遼。遼主調諸軍於江甯州。太祖曰。遼人知我將舉兵。集諸路之軍以備我。我必先發制人。毋使爲人所制。卽與諸路兵會於來流水。得二千五百人。進伐江甯州克之。來歸者多。以三百戶爲謀克。以十謀克爲猛安。於是羣臣奉尊號。卽皇帝位。建元爲收國。國號大金。太祖曰。遼以鑌鐵爲號。義取其堅。然終歸變壞。惟金不變壞。當以爲國號。元年克黃龍府。又大破遼兵於護步答岡上。高麗遣使賀捷。且求保州。詔不許。自取之。天輔六年取中京、西京、燕京。七年襲遼主於陰山。獲之。降封爲海濱王。

太宗之天會三年。伐宋。圍汴京。宋請和。及割太原、中山、河間三鎮。上誓書。自稱姪尊大金皇帝爲伯。是年再圍汴京。俘宋徽欽二帝。使居於中京。尋使赴上京。又徙於瑚爾哈路。封徽宗爲昏德公。欽宗爲重昏侯。遂遷洛、潁、汝、鄭、均、房、陳、井、襄、鄧、唐之民於河北。高麗遣使。奉表稱藩。回紇及夏國等入貢。

熙宗皇統二年。伐宋。渡淮。宋乞罷兵。遣學士何鑄進表稱臣。幷云自今以後。畫兩國之疆界。以淮水中流爲界。當隸之唐鄧二州而使屬於金國。其外西南。盡屬於光化軍。爲敝邑之沿邊。其州城既蒙恩許備藩矣。若得允許。則世世子孫。謹守臣節。每年於皇帝之生辰並元旦。遣使不絕。歲貢銀二十五萬兩、絹二十五萬匹。自本年始。每春季差吏輦至泗州交納。若渝此盟。神明殛之。

廢帝之貞元元年。遷都於燕京。爲中都府。以汴府爲南京。以中京爲北京。三年建南京之宮室。運一木。費至千萬。以五百人牽一車。及宮成。飾以黃金。五彩間之。金屑飛空。亂如霞雪。一殿之費。鉅至億萬。既成復毀。務極華麗。是年帝自率二十二總管伐宋。進至壽春。爲其臣元宜所弒。

衞紹王大安三年。元兵始起。遣西北路招討使乞和。不許。遂失居庸關。宦者李思忠。弒帝而立宣宗。

宣宗貞祐元年。元兵下涿州。京師戒嚴。自此終宣宗之世。五年之間。元兵自東西來攻。東自陰山南下略河東南北路等府州。取山東東路諸城。及於渤海西岸。西徇北京路。及於遼東灣之錦州。出沒進退不常。攻伐無已時。各路節度使因之戰歿者甚多。帝渡黃河。遷都於南京。遣使乞和。元不許。

哀帝正大三年。宋兵掠壽州。宋人因金遷於汴京。後不足慮。由是往來不絕。七年元兵渡漢江。北分道進於汴京。帝遁走蔡州。大興三年。元兵宋兵並來攻。元兵築長壘。攻蔡城。城中兵無能禦之。帝自縊死。自太祖至哀帝。凡九世。歷百十年而亡。

金代遼而有其地。伐宋。略其北中部。較遼之疆域。其廣袤稍稍倍矣。以今之疆域計之。全有甘肅、陝西、山西、直隸、山東、河南等六省。出入於湖北、安徽、江蘇、三省。併滿洲及內蒙古全部。當此之時。宋國微弱。不能抗敵。常納重賄。使無失其和好。偏安江南。保其餘地而已。金若逞其力以伐宋。即略中國之全部。亦非所難也。

金之建置倣於遼。設五京。後增一京爲六京。設十四總管府。合五京。分十九路。京、府、州、郡、凡百七十九。縣六百八十三。鎭四百八十。城、塞、堡、關百二十二。舉六京及屬於滿洲之各路如左。

上京路會甯府。　領府一、節鎭四、防禦州一、縣六、鎭一。地名曰海古勒。國初稱爲內地。天眷元年號爲上京海陵。遷都於燕。削上京之號。稱會甯府。大定十三年。復爲上京。其舊址。在混同江東二百六十里色齊窩集嶺上云。

東京路遼陽府。　領府一、節鎭一、刺史郡四、縣十七、鎭五。即遼之東京。今盛京省遼陽州也。

北京路大定府。　領府四、節鎭七、刺史郡三、縣四十二、鎭七、塞七、堡五十六。卽遼之中京。今內蒙古喀喇沁右翼南百里云。

中都路大興府。　領府一、節鎭三、刺史郡九、縣四十九、鎭七。卽遼之南京。後號燕京。及定都燕京。燕乃以列國之名。不可爲京師之號。故改爲中都府。今直隸省順天府是也。

西京路大同府。　領府二、節鎭七、防禦州八、刺史郡八、縣四十、鎭九。卽遼之西京。今山西省大同府也。

南京路開封府。　領府二、節鎭七、防禦州八、刺史郡八、縣四十、鎭九。卽宋都。初名汴京。貞元元年。更號南京。貞祐二年。遷都於此。今河南省開封府也。

滿洲所設各路。除上京東京北京之三路外爲六路如左。

瑚爾哈路。　置節度副使。西至上京。六百三十里。北至邊界喀喇巴圖一千五百里。天會八年。徙宋二帝於此。卽渤海之上京龍泉府。爲今甯古塔近傍。

咸平府路。　領府一、刺史郡一、縣十。卽遼之咸州。在今開原之南鐵嶺之北云。

海蘭路。　置副總管。西北至上京。千八百里。東南至高麗界。五百里。此路位置未詳。滿洲源流考云。金之海蘭路。與元之海蘭府。明之海蘭衞。似非一處。吉林省內稱海蘭河者

有三。其近於朝鮮之境者。合布爾哈圖河而入於噶哈哩河。爲圖們江支流。或云。在此
河近傍甯古塔城南凡四百十里云。

率賓路。 置節度副使。西北至上京千五百里。東北至瑚爾哈路。千百里。西南至海蘭路。
千二百里。北至邊界二千里。渤海之古府。在今吉林省額多力城之南云。

夫餘路。 置節度副司。南至上京。六百七十里。東南至瑚爾哈路。一千四百里。北至和羅
和屯。三千里。爲今黑龍江省齊齊哈爾城之地云。

博索府路。 置府尹。乘本路之都總管。此路之位置不詳。本爲高麗之泊汋城。在鴨綠江
之北岸。或謂爲今之朝鮮平安道義州之地云。

滿洲源流考云。金之上京路所轄者。其北曰肇州。太祖首破遼兵於此。其西曰濟州。太祖
乘馬涉混同江之處也。又西則爲信州。在今之科爾沁界。夫餘路在肇州之北。率賓路在
上京之南。海蘭路又在率賓之東南。瑚爾哈則在甯古塔境。哈斯罕在遼陽之南。咸平府
在開原鐵嶺之間。會甯一府。實居其中。若朝鮮府境之會甯府。則剽襲其名。初不相涉。東
京之設置。雖承遼之舊。然合併實多。博索府路則爲金所創設。尤與高麗毗連。以地與音
考之。則唐賈耽所記之泊汋城。去鴨綠江之海口不遠。

據金史云。金之封疆。東極濟喇敏烏達噶之境。北自夫餘路之北。三千餘里。以和羅和屯穆昆之地爲邊。此邊界之二地未能詳。然東可至日本海。北可跨黑龍江。其南境與朝鮮所接之地。以鴨綠江爲界。朝鮮史乘亦詳說之。當此之時。金太祖志在略本部支那。故許高麗王之請。以抱州（今之義州）與高麗。而以鴨綠江爲國界云。

元

成吉思汗既略有中央亞細亞。以宋之開禧二年。即帝位。建都。名曰和林格倫。（大清一統志云和林格倫在杭愛山之東鄂爾渾河與塔米爾河之間云）是爲元之太祖。自太祖始。至五世。皆居於此。歷數年。始發兵於中國。攻擊金之西京大同府。尋略各地。至其子窩闊台。始滅金。是爲太宗。太宗之弟。拖雷之第二子忽必烈即位。建國號曰大元。至元元年。入都燕京。滅宋而有中原。是爲世宗。世宗初居於今內蒙古多倫諾爾地。稱之爲開平府。俗名兆奈曼蘇默。後爲上都。置上都留主司。並兼本路之總管府事。使統轄內蒙古。世宗以京畿爲中書省。轄今之直隸、山東、河南等地。謂之腹裏。分其他版圖爲十一。爲行中書省。置總管府。蒙古及西域之地屬之。每省分數府。縣鎮屬之。以滿洲爲遼東行中書省。置其治於今之遼陽州。使轄全部。其下路七、府二州十二、縣十、其他之稱站者有百二十。滿洲所設各路之位置如左。

遼陽路。領二縣。遼之舊京而金之遼陽府也。
廣甯路 領二縣。金之廣甯。府今之廣甯縣也。
大甯路 領七縣。金之大定府。在內蒙古喀喇沁部右翼之南。
瀋陽路 金之瀋州。今盛京省承德縣也。
開元路 初置於遼之黃龍府。後徙今之開原縣。
海蘭府碩達勒達路 元史。海蘭府碩達等路。土地廣闊。人民散居。元初。軍民萬戶。設五府。鎮撫北邊。一曰屯。距上都四千里。一曰瑚爾哈。距上都四千二百里。距大都今之北京三千八百里。有瑚爾哈并混同江。又有海蘭河入於海。一曰額多力。一曰托果林。一曰布呼江。各有有司。分領混同江南北之地。其居人皆爲碩達勒達女眞之人。各仍舊俗。無市井城郭。以射獵爲業。設官牧民。隨俗而治之。
海蘭府乃明之海蘭衞地。與金之海蘭路巽也。其位置不詳。如碩達勒達路。非指元史所記之五府總稱。碩達勒達者。指生女眞而言也。其意不能詳。據滿洲源流考所解說。屯者。爲屯河。在甯古塔東北七百里。南流而入於混同江。沿此河岸。明初有屯河衞。卽其地也。瑚爾哈者。渤海之上京。爲金之瑚爾哈路。額多力者。在吉林城之南六百里。爲額多力城地。其他二府之位置均不詳。

東甯府　爲今朝鮮平壤地。世宗至元六年。高麗之李延齡等。以府州縣鎭六十城來歸。因爲東甯路。後撤之。

不屬於各路之府州有三。列如左。其位置不能細詳。但知大略而已。

博索府　爲金之博索路。在鴨綠江之右岸云。

咸平府　爲金之咸平路。在開原縣南鐵嶺縣北云。

肇州　在拉林河之東云。

滿洲源流考曰。元時併遼東州縣。分設萬戶府。使鎭守其地。統於遼東行中書省所轄之路凡七。一曰瀋陽路。置治於遼陽。以統高麗。曰開元路。所統近於黑龍江而極東海。萬戶府治黃龍故地。曰海蘭府碩達勒達路。卽設萬戶府於今吉林甯古塔之境內。分領混同江之南北。額多力卽本朝始祖定居之地。屯河。在甯古塔之北。瑚爾哈近繞甯古塔城。咸平府。近威遠堡門。肇州博索府。雖上承金之舊。然元一統志、經世大典。已不復傳。元史地理志所載。亦僅存其大略。然設官分域。猶可參考。如遼陽、廣甯、大甯三路。卽具載於大淸一統志及盛京通志諸書。東甯府。本爲高麗地。後仍歸高麗。並不復載。

元太祖太宗之征金也。常出兵於大同府。自東北而略西南之地。後取燕京。更略滿洲之錦懿二州。其餘不以兵力而降者多。滿洲建制。雖倣金制。然多省略合併者。其東北各地。一任土人之習慣。不甚牽制。所謂羈縻州是也。瀋陽路。滿洲源流考云。置治於遼陽。大清一統志云。元初瀋州之地。置安撫高麗軍民總管府。尋改瀋陽路。續通典云。元初高麗之洪福元以西京四十餘城來降。後高麗復叛。洪福元率衆來歸。置高麗軍民萬戶府。徙降民使散居於遼陽及瀋州。置治於遼陽之故城。改爲安撫高麗軍民總管府。及其後高麗舉國內附。以高麗之質子王湻爲高麗軍民總管。分理瀋州。後爲瀋州路。而高麗軍民府。仍置於遼陽之故城。由是考之。瀋州路。爲承德縣之地。東甯路。爲今朝鮮之平壤。轄平安咸鏡二道。續通典云。至元六年。高麗之李延齡等。以府州縣鎭六十城來歸。八年爲東甯府。十三年爲東甯路總管府。朝鮮史乘云。高麗元宗十年。東北屬地叛附於元。元置東甯總管府於西京。畫西海道之慈悲嶺爲界。忠烈王四年。元歸之。考元之歸地於高麗也。不知何故。高麗附元後。說元帝遣使日本。事見高麗史乘。元帝於日本之役。自高麗出戰艦九百艘。兵三萬。爲援軍。且元命置水驛於沿海。自濟州島至鴨綠江口。是皆忠烈王時之事。或因此而歸平壤之故地乎。

明

明太祖自淮右之濠州興。滅元而有中國。建國號曰大明。定都於金陵。曰應天府。爲京畿諸地爲直隸。改元之行中書省。分十三布政使司。轄全國之府州縣。又置十五都指揮使司。以轄衞及所。其邊疆增置都指揮使司。成祖徙都於北平。是爲北京。以應天府爲南京。增布政使司二。於滿洲廢元之遼陽中書省。置定遼都營於遼陽。後改爲遼東都指揮使司。轄衞二十、州二。其位置如左。

定遼中、左、右、前、後、東甯六衞及自在州。　皆在今遼陽州地。

海州衞　今之海城縣也。

蓋州衞　今之蓋平縣也。

復州衞　今之復州也。

金州衞　今之金州廳也。

廣甯中左右衞。　三衞皆在今錦州府地。

廣甯前屯衞及甯遠衞。　二衞皆在今甯遠州地。

廣甯衞及廣衞中、左、右、衞。　四衞皆在今廣甯縣地。

義州衛及廣甯後屯衛。二衛皆在今義州地。
鐵嶺衛 今之鐵嶺縣也。
三萬、遼海二衛及安樂州。 皆在今開原縣地。
至明代。滿洲各地。廢元之路、府、州、縣、鎮。置衛及所。以都指揮使司轄之、與內地異制。所謂軍民府是也。衛者。兼領軍兵與地方。遼陽、開原及他處。皆設數衛。置各衛之治所於一處。使分轄諸地。明初置其治於今直隸省之河間府。轄遼東各地。遷都於北京。因以山海關以西爲直隸。明太祖征元。元順帝走漠北。其子孫再據和林格倫。遂爲蒙古之可汗。爾後爲其下所弒。部落潰散。然終明之世。蒙古常侵擾北邊。殆無甯歲。居其西者稱兀良哈。後稱科爾沁居其東者稱瓦剌。元帝之裔號韃靼。是明盡其國力。防禦北部。用度支絀。不暇他顧。故如滿洲則任其部民自治而已。明初。於今之黑龍江、吉林等處設衛。凡三百七十餘。然皆有名無實也。滿洲東北部土民。以土產輸入遼陽開原等處。互相貿易。因之以其部之酋長爲指揮或千戶。使鎮撫其民。滿洲源流考曰。明初疆圉。東盡開原、鐵嶺、遼瀋、海、蓋等處。其東北境。全屬於我朝及國初之烏拉、哈達、葉赫、輝發諸國。並長白山之納殷。東海之窩集等部。明人未嘗一履其地。永樂二年彷唐羈縻州之制。設尼嚕罕衛。七年改爲尼嚕罕都司。後又續設衛所之空名。其疆域遠近。所稱之山川城站。亦多在傳聞疑似之間。其實錄所載。譯對外誤。名目重複。一地而三四名。一名而三四見者甚多。又黑龍江屯河瑚爾哈河等地。與明之邊界相去絕遠。而亦列於衛所之中。蓋諸部常以貿易與明往來。即强名其居處爲衛。書之實錄。實不過部長自來或僅部人來貿易耳。前後蕪雜。輾轉訛傳。明人固無由悉其詳也。

明代版圖之屬於滿洲者。僅遼東而已。北盡今之開原縣。南限鴨綠江。東止於今之奉天府。其他皆爲覊縻州而政令之所不及也。明史所記之衛名。有烏蘇里、綏芬穆倫等。可知此處土民。亦來往於遼東者。據盛京通志開原之東二十五里。有塔山。是明時塔山右衛之處。所謂北關也。地屬葉赫部。又其左衛。屬哈達部。所謂南關也。按此二關。爲明代防禦滿洲之險要。中國清太祖取此二關。遼陽大震。是卽明之東界。其疆圉當盡於此云。

清

據太祖實錄。長白山之東有市庫里山。其下有池。曰布勒瑚里。相傳有三天女。曰恩古倫、正古倫、佛古倫。浴於池。有神鵲。銜朱果。寘於季女之衣。季女含於口。忽已入腹。遂有身。尋產一男。生而能言。體貌奇異。及長。母告以呑朱果之故。因賜之姓爲愛親覺羅。名之曰布庫里雍順。與以小舠。母遂淩空去。布庫里雍順。乘舠順流而下。至河步。折柳與蒿爲坐具。端坐其上。其地三姓互爭雄長。日搆兵仇殺。取水於河者見而異之。歸語人曰。汝等毋爭。吾取水於河。見一男子。察其體貌非常。天必不虛生此人。衆往觀之。皆以爲異。因詰所由來。曰我乃天女所生之天男。生我而定汝等之亂者也。且告其姓名。衆曰此天生聖人也。不可使之徒行。交手舁之。送至家。三姓之人議爲國主。以女百里妻之。奉爲貝勒。其亂乃定。是爲創業之始基。自建國居長白山之南俄漠惠之野額多力城。數世以後。有不善撫其衆者。國人叛而戕宗族。幼子名范察者。逃於荒野。國人追之。會有神鵲止於其首。追者遙望鵲所棲疑爲枯木。遂中道而返。於是獲免。隱其身以終。是此後世俱德鵲。誡毋殺害。其後傳至孟穆。生而有智略。慨然以恢復爲志。計誘先世仇人之後四十餘人至呼蘭哈達山下之赫圖阿喇。興京距額多力城甚遠。於是誅殺其半。以雪祖仇。執其半而收舊業。既得而釋之。是爲肇祖。於是肇祖居赫圖阿喇而創建基業。肇祖生二子。長曰充善。次曰諸宴。充善生錫寶齊篇古。錫寶齊篇古生福滿。是爲興祖。興祖第四子曰覺昌安。是爲景祖。景祖有五子。第四曰搭克世。是爲顯祖。顯祖之長子。曰努兒哈赤。是爲太祖。

魏源聖武記云。吉林爲滿洲舊國。有始祖所都之甯古塔。黑龍江爲遼金舊國。金起於混同江。而索倫卽遼裔也。盛京稍東之興京。卽肇興景顯四祖及太祖發祥之地也。舊名赫圖阿喇。在蘇克素護河與嘉哈河之間。西距盛京二百七十里。東距甯古塔千二百里。我
朝未得遼瀋以前。四世咸宅於茲。卽明代之建州右衛也。我太祖高皇帝生於明嘉靖三十八年。肇祖當在於正統景泰之間。自肇祖上溯長白山發祥之始祖。當在遼金之末造。又曰始祖之額多力城。在俄漠惠之野甯古塔西南三百里。故四祖雖遷於建州。然仍稱甯古塔貝勒。始祖傳數世而遇難。又數世而肇祖生。當不越十世內外。

高宗純皇帝上諭。金始祖。居完顏部。其地有白山黑水。白山卽長白山。黑水卽黑龍江。本
朝肇興東土。山川鍾毓。與大金正同。史又稱金之先。出靺鞨部。古肅慎地。我朝肇興時。舊稱滿珠。所屬曰珠申。後改稱滿珠。而漢字相沿。訛爲滿洲。其實卽古肅慎爲珠申之轉音。更足徵疆域之相同矣。又若唐時所稱雞林。應卽今吉林之訛。而新羅百濟諸國。亦皆其附近之地。顧昔人無能考證者。致明季狂誕之徒。尋摘字句。肆爲詆毀。此如桀犬吠堯。無容深較。而舛誤之甚者。則不可以不辨。若夫東夷之說。因地得名。如孟子稱舜東夷之人。文王西夷之人。此無可諱。亦不必諱。至於尊崇本朝者。謂雖與大金俱在東方。而非其同部。則所見殊小。我朝得姓曰愛親覺羅。國語謂金曰愛親。可爲金源同派之證。蓋我朝在

大金時。未嘗非完顏氏之服屬。猶之完顏氏在今日皆爲我朝之臣僕。普天率土。統於一尊。理固如斯也。譬之漢唐宋明之相代。豈皆非其勝國之臣僕乎。又曰我國家誕膺天眷。朱果發祥。亦如商之元鳥降生。周之高禖履武。以爲受命之符。要之仍係大金部屬。且天女所浴之布勒瑚里池。卽在長白山下。原不外白山黑水之境也。又金世紀稱唐時靺鞨有渤海王。傳十餘世。有文字禮樂。是金之先。卽有字矣。而本朝國書。則自太祖時。命額爾德尼巴克什等。遵製通行。或金初之字。其後因式微散佚。遂爾失傳。至我朝復爲創造。未可知也。他如建州之沿革。滿洲之始基。與夫古今地名同異。幷當詳加稽考。勒爲一書。垂示天下萬世。

清國始祖。乃完顏氏部屬而爲女眞人也。諭旨詳言之矣。因是考之。可見靺鞨之後裔。與渤海及金爲同種族。始祖發祥地之額多力城。在瑚爾哈河之源勒福善河之西岸。距興京東千五百中里。距甯古塔西南三百八十中里。與金上京海古勒之地接近。所稱爲金初內地者。卽小白山脈之東部。土地肥沃。樹木水草豐富。古昔人民住居之所也。至肇祖。遷於西南赫圖阿喇。卽太祖創業之地。而明之建州右衞也。建州爲渤海國所置。遼金元雖皆有建州。然與渤海之建州。其地不同。明之建州衞。與渤海之地相近。自興京之東亙於南。皆明之建州衛。淸初所謂滿洲部、長白山部。亦屬於此。然非明之疆圉。羈縻衛也。肇祖曾任明之都督。是當卽建州衛之都督。如明史稱滿洲爲建州之夷酋是也。又記太祖之卽位曰。努兒哈赤卽位於滿洲。號後金。指中國爲南朝。又有以滿洲稱東韃靼者。或以愛親覺羅卽金源而爲金之部屬。明人自爲後金。於淸國諸書未見稱後金者。如韃靼乃蒙古本雅失里之國號。而與愛親覺羅氏不相涉。自太祖興業之赫圖阿喇至撫順城僅百七十中里。此地爲明之要塞。置守將備兵。太祖實錄。記與此處使命往復。常用通事。按明代。以靉陽、淸和、撫順、柴河等關塞爲限。以東皆女眞人之部落。其言語風俗大異。現今滿洲內地無不通中國語者。其風俗漸變化於中國。較之前代。其變遷可謂甚矣。

太祖諱努兒哈赤。顯祖之長子。明嘉靖三十八年生。偉軀大耳。聲如洪鐘。騎射絕倫。英雄蓋世。稱爲聰睿貝勒。太祖十歲。其母喜塔剌氏死。繼母納喇氏。撫育寡恩。年十九。使分居。予產獨薄。後顯祖知其有才德。復厚予之。太祖辭而不受。此時諸國紛亂。滿洲有蘇克素護河部、渾河部、完顏部、棟鄂部、哲陳部等部。長白山國。有納殷部、鴨綠江部等二部。東海國有渥集部、瓦爾喀部、庫爾哈部三部。扈倫國有哈達部、葉赫部、輝發部、烏拉部等四部。滿洲及長白山二國。爲明之建州衛。東海國爲野人衛。扈倫國爲海西衛。羣雄峰起。稱王號。互相攻戰。其甚者兄弟相攻。爭奪無已時。

明萬歷十一年。蘇克素護河之圖倫城有尼堪外蘭者。陰通明之甯遠伯李成梁。引兵攻古勒沙濟二城。景祖聞古勒城之警報。恐女孫被陷。偕顯祖往救。尼堪外蘭紿城中人。使殺其主而降。盡屠之。并害景祖及興祖。國人皆歸尼堪外蘭。太祖之同族。亦欲害太祖而歸尼堪外蘭。尼堪外蘭又迫太祖欲使附屬。太祖曰。爾吾父部下人也。搆明兵而害祖父與父。恨不能手刃爾。豈反從汝偷生耶。由是恨益深。太祖思復大仇。年二十五。始以顯祖之遺甲十三副。起兵。往攻尼堪外蘭於圖倫城。尼堪外蘭預知之。棄軍民。攜妻子。遁於甲版城。太祖得甲三十。卒百人以歸。又討之於甲版及撫順邊外。尼堪外蘭乘機而遁。尋克瑪爾墩城。於是同族讋服。十四年。明人執尼堪外蘭付我。明人以誤害景祖興祖。輸銀八百兩。蟒緞十五匹而通和好。十五年。太祖命額宜都督兵。使取巴爾達城。此時太祖招徠各路。環境諸部多削平。國勢日盛。以滿洲之東珠、人參、紫貂、玄狐、猞猁猻等物。互市於撫順清河寬甸靉陽等四關口。以開財源。此年攻王甲城。克之。斬其城主。十六年。完顏部及棟鄂部。卒其軍民來降。此年征佳兆城。克之。斬其城主而歸。十九年。遣兵略長白山之鴨綠江路。盡收其衆。二十一年。葉赫、哈達、烏拉、輝發、科爾沁、錫伯、卦勒察、（科爾沁以下皆蒙古部）珠舍里、納殷等九部。合兵來侵。敵兵凡三萬人。衆皆憂我兵少。非其敵。太祖曰。我兵昏夜出。恐驚國中。因待旦啟行。諸將傳語。遂就寢。睡甚酣。其妻富察氏呼太祖覺。謂之曰。方寸亂乎。抑懼之乎。九國之兵來攻。豈酣寢之時耶。太祖曰。人有所懼。則雖寢不成寐。我果懼。安能酣睡。言畢。安寢如故。旦日。率諸貝勒進兵至古勒山。據險結陣挑戰。大破敵兵。斬葉赫貝勒。其餘皆遁。由是滿洲軍威大震。此年滅珠舍里、納殷二部。二十二年。蒙古之科爾沁部及喀爾喀五部。始遣使通好。二十三年。取輝發部之多璧城。二十五年。招誘瓦爾喀部之安褚庫、內河二路。二十七年。太祖欲以蒙古字集而頒行國語。諸臣曰。以我國語製字甚善。但臣等未明編譯之法。太祖曰。阿字下合一嘛字非阿嘛乎。額字下加一墨字。非額墨乎。吾籌之已悉。爾等試書之。何不可耶。於是太祖獨斷。以蒙古字編爲國語。創立滿文。滿文之傳布自此始。此年征哈達國。滅之。虜其王。二十九年。太祖以來服諸部。編三百人爲一牛彔。每方彔設額眞一人。初滿洲國。凡出兵不計人之多寡。各隨族黨屯寨行獵。時編十人爲隊。隊有長一人。統十人。各分方位。使勿敢紊亂。其長稱牛彔額眞。至是遂以牛彔額眞名其官。三十一年。太祖自呼蘭哈達之南岡。移於祖居之蘇克素護河與嘉哈河間之赫圖阿拉地。築城居之。三十五年。太祖命其幼弟卓立克圖及額宜都。征東海國之渥集部。取赫席俄黑漢惠蘇魯佛納赫施克索三路。三十七年。太祖遺書於明。乞還鄰居於朝鮮國之瓦爾喀人。明人遣使朝鮮。諭使還千餘戶。又命扈爾漢蝦征東海國渥集部所屬之滹野路而取之。三十九年。太祖命其子阿巴泰等征東海國渥集部之烏爾固宸及木倫二路。取之。又命達爾漢蝦等征渥集部之虎爾哈路。攻克札庫塔城。其環近各路。盡拓撫之。四十一年。太祖親率大兵。征吳喇部。部主布占泰僅以身免。投葉赫部。吳喇遂滅。吳喇所屬之城邑皆歸附。是時葉赫部主金台石及布揚古兄弟譖太祖於明曰。哈達、輝發、吳喇三部。滿洲已盡取之。今復侵我葉赫。其意削平諸國。卽侵明而取遼東。以逮國都。而以開原鐵嶺爲牧馬場。於是明遂遣馬時楠周大岐二人。率練習火器者千人。使守衛葉赫。四十三年。定八旗之制。初太祖自削平諸國以來。凡三百人設一牛彔額眞。五牛彔設一甲喇額眞。五甲喇設一固山額眞。每固山額眞之左右。設梅勒額眞。先是止有黃白藍紅四旗。至是鑲之。爲八旗。四十四年。諸貝勒大臣。衆議奉尊號於太祖。爲覆育列國英明皇帝。建元天命。是年太祖五十八歲。

天命三年。太祖諭貝勒諸臣曰。朕與明啟釁。凡有七大恨。其餘小忿。更難悉舉。宜往征之。議定。欲伐木治攻具。恐爲衆人所覺。乃以繕治諸貝勒之馬廐爲名。遣七百人伐木。備攻

貝。四月。太祖頒訓習兵法之書於統兵之貝勒諸臣。率步騎兵二萬征明。至古勒駐營。分
兩路，進兵。使左四旗兵取東州馬根單二處。太祖親與諸貝勒率右四旗兵及八旗練選
之牙喇。取撫順所。守將李永芳降。遂毀撫順城。以所獲人口賞給軍士。時廣寧總兵張承
蔭遼陽副將頗廷相海州參將蒲世芳率兵來。據山立營。布列火器。八旗兵大敗之。陣斬
張承蔭頗廷相蒲世芳其他游擊五人及千總把總五十餘人。追擊四十里而回。五月克
撫安堡花豹衝三岔兒堡。七月進鴉鶻關。圍清河城。拔之。守將鄒儲賢戰死。九月略撫順
北之會安堡而班師。四年。太祖率貝勒諸臣征葉赫。大破之。開原總兵馬林率兵來助。與
葉赫會。出城四十里。遂不戰而遁。此年發夫役一萬五千。赴界藩築城。是時。明帝大出兵。
欲攻覆滿洲。命遼東經略楊鎬。集兵二十四萬於瀋陽。分四路深入。每路兵六萬。總兵杜
松王宣趙夢麟出中路之左。自渾河入撫順關。道員張銓監之。總兵李如柏副將賀世賢
出中路之右。自清河入鴉鶻關。道員閻鳴泰監之。總兵馬林副將麻巖出北路。自開原會
葉赫兵二萬而入三岔口。道員潘宗顏監之。總兵劉綎出南路會朝鮮兵萬二。入寬甸口。
道員康應乾監之。道員崔一琦別監朝鮮軍。以攻滿洲國都。經略楊鎬。使滿洲逃卒齎書。
來告軍期。號大兵四十七萬。太祖盡集各路屯寨之兵於城中。戒嚴以待。太祖議曰。南北

二路皆山。且險遠。敵不能卽至。宜先破其中路。時明將杜松率中路之兵。先期自渾河入撫順關。屯於薩爾滸山。自引兵二萬。圍界藩。築界藩城之兵及防衞兵。共據吉林崕以拒。太祖命諸貝勒以二旗之兵。援界藩。親以六旗兵。攻擊薩爾滸山。大敗明兵。杜松中矢死。逐北二十里。明之漂尸旌旗。蔽渾河而下。明北路兵聞之。急據尙間崕。太祖馳赴尙間崕。大破之。復破明將潘宗顏之軍於芬斐山。葉赫之兵已於中途遁還。於是兩路之軍皆破。經略楊鎬聞之。急檄李如柏劉綖止其前進。而劉軍已深入。距赫圖阿喇僅五十里。尙未知西北路之敗。諸貝勒之兵破之阿布達里岡。劉綖力戰而死。康應乾之兵合朝鮮兵。營於富察之野。滿洲兵乘勢衝入其壘。康應乾大敗遁去。朝鮮之副元帥姜功烈。遂以兵五千降。明與滿洲之興亡。實肇於此。太祖又率兵四萬。攻開原。明總兵馬林副將于化龍等戰歿於城中。盡毀城郭。乃班師。居於界藩。以備再興師也。太祖又統兵攻鐵嶺城。斬游擊俞成明等。又征葉赫部。部主金台石死。其弟布揚古降。併斬明之游擊馬時楠。葉赫遂亡。五年。取懿路蒲河二路。是年。太祖自界藩遷於薩爾滸。六年。太祖統大軍取瀋陽。順渾河而下。水陸並進。明兵七萬俱潰。滿洲兵掩擊之。伏屍累積。陣斬總兵賀世賢尤世功參將夏固鄉張固知州段展同知陳柏勇。遂拔城。又擊遼陽援兵於渾河。明兵溺死者多。斬總兵陳策參將張名世等。又擊渾河以南之援兵。斬副將董重貴參將張大計。太祖議曰。瀋陽已拔。當乘勢長驅以取遼陽。已而明兵聞滿洲已取瀋陽。遼陽之守禦甚嚴。遂引太子河之水於城壕。沿塹列火器。總兵李懷信侯世祿蔡國柱姜弼董仲蔡等引兵五萬出城結營。滿洲左四旗兵擊之。明兵奔潰。於是塞城東水口以洩城西之水口。遂奪西城。拒戰達旦。官民縋城而遁者多。時經略袁應泰在城樓督戰。視城已破。遂縱火焚死。總兵朱萬良以下。戰死者十數人。城遂陷。於是遼河以東之堡寨營驛及海、蓋、金、復、輝、五州大小七十餘俱降。太祖會貝勒諸臣曰。遼陽乃明及朝鮮蒙古接壤要害之區也。卽宜居之。遂定議遷都。七年。太祖征廣甯城。渡遼河。擊防河之兵。攻西平堡。斬副將羅一貫。總兵劉渠祁秉忠李秉誠以下副將參將九人率兵三萬來戰。滿洲兵奮射衝入。明兵遂敗。追擊至平陽橋堡。斬劉渠以下六將。駐紮廣甯城之經略熊廷弼巡撫王化貞等。棄城遁入山海關。滿洲兵遂入城。錦州大小凌河松山杏山等四十餘城皆降。又攻義州城取之。留諸貝勒使統兵守廣甯城。以遼河以西所降各城堡之官民移之河東。遼陽城大半傾圮。乃築城遼陽之東五里太子河邊。遷居之。名東京云。十年。太祖遷都瀋陽。貝勒諸臣諫曰。昨築城於東京。今復遷之。恐勞苦我民。太祖不許。曰。瀋陽。形勝之地也。若征明。自都爾鼻渡遼河。

則路直且近。若北征蒙古則二三日可至。南征朝鮮則可自清河路而進。朕籌之熟矣。汝等何不從耶。遂遷瀋陽。十一年。太祖征甯遠。越城五里。橫絕山海關之大路而駐營。總兵滿桂、道員袁崇煥、參將祖大壽等。嬰城固守。死戰不退。滿洲兵不能克。明日再攻之。又不能克。遂還瀋陽。太祖自二十五歲起兵以來。戰無不捷。攻無不克。惟以甯遠城不下。甚不懌。是年太祖病。幸清河湯沐。八月。太祖大漸。欲還瀋陽。乘舟順太子河而下。使人召大福金即皇妃來迎。大福金至。泝流至靉雞堡。距瀋陽城四十里而崩。年六十八。預書遺諸貝勒。使大福金納喇氏殉死。二庶妃亦殉之云。

太宗。太祖之第八子。明萬曆二十年生。太祖崩。貝勒代善太祖第二子之二子。共議告其父曰。國不可一日無君。大貝勒皇太極太宗諱才德冠世。深得人心。當使速繼大位。代善曰。此吾之夙心也。乃作書示諸貝勒。議遂定。即請太宗登極。年三十五。以明年爲天聰元年。

天聰元年。命大貝勒阿敏以下五貝勒征朝鮮。兼使討明毛文龍。據海島而納滿洲之叛民。滿洲兵入朝鮮境。克義州。殺府尹李莞。分兵擣毛文龍所居之鐵山。文龍遁往島中。滿洲兵至平壤。城守以下。棄城而遁。滿洲兵進至平山。朝鮮王李宗京棄城遁入江華島。使其臣來乞和。諸貝勒皆欲駐於此。貝勒阿敏不從。欲直趨京城。因衆意不合。皆分道而行。

使滿洲副將劉興祚乘舟至江華島。入見朝鮮王。王端坐不出一言。興祚怒曰。汝土偶耶。何爲不動。王乃曰。居吾母之喪。故如此。興祚曰。爾妄自尊大如此。何以議和。王曰。吾實不知。王使其弟李覺持幣乞和。遂定和議。置兵於義州及鎮江等處還師。是年蒙古之敖漢奈曼及他部落來附。二年。蒙古之喀喇沁及巴林等部落來附。率外藩蒙古諸部而征察哈爾。大敗之。遣精騎追捕敗走之敵兵至興安嶺。獲人畜無算。三年。使孟阿圖等往征瓦爾喀部。又命貝勒濟爾哈朗等率兵往錦州甯遠等處。燒其積聚。太宗欲大舉伐明。使蒙古諸部各率兵爲嚮導。諸將會於喀喇沁部之青城。頒軍略。進攻。前行之左翼克龍井關。毀水關而入邊牆內。斬總兵以下數人。其餘薙髮而降。又克洪山口。諸兵至遵化。先是前進諸兵。攻克大安口及馬蘭營。斬總兵以下數人。八旗兵列陣攻遵化城。克之。向北京進行。至薊州。薊州降。太宗至通州。駐營城北。傳諭各城曰。滿洲國皇帝諭紳衿軍民等知悉。我國素以忠順守邊。葉赫與我。原屬一國。萬曆皇帝干預邊外之事。離間我國。分而爲二。曲在葉赫。而强爲庇蔭。直在我國。而强欲戕害。屢肆欺凌。我有七大恨。我知其終不相容。故告天興師。天以我國爲直。先賜我河東之地。我太祖皇帝意圖甯居。遣人致書議和。不允而益加欺凌。使去滿洲國皇帝之號。使毋用自製之國寶。我樂於和好。遂去帝稱汗。欲使爾國製印給用。又不允行。故我復告天興兵。自捷徑入。破釜沈舟。斷不返旆。夫君臣者。牧民之父母也。爾明之君臣。不願和好。而樂干戈。今我兵至。凡紳衿軍民之不歸順者。必加誅戮。此非予殺之。乃爾之君殺之也。若謂我國褊小。不宜稱帝。則古之遼金元俱以小國而成帝業。豈有一姓常爲皇帝之理耶。天運循環。有天子而廢爲匹夫者。此皆天意。非人力所能爲也。天旣佑我。爾明國乃使我去帝號。天必鑒之。我抱恨興師。恐不知者以爲恃強征討。故將此通諭知之。

太宗至北京。營於城北土城關之東。兩翼兵營其東北。明總兵滿桂侯世祿等兵屯於得勝門外。太宗使左翼當之。袁崇煥祖大壽等兵屯於沙窩門外。以右翼當之。太宗移師屯於南海子。圍北京。統兵諸貝勒俱乞攻城。太宗不許。滿桂等督步騎四萬。陣於永定門外。滿洲兵突擊其營。滿桂戰死。生擒總兵黑雲龍麻登雲等。太宗乃以議和之書。分置永定門及得勝門外。移軍略薊州而東。四年。克灤州永平遷安等處。使諸將率兵鎮守。班師還瀋陽。尋明兵來攻。大貝勒阿敏等棄永平等處遁歸。太宗怒。使諸貝勒不得入城。大貝勒阿敏免死。幽禁之。五年。使孟阿圖征瓦爾喀部。自甯古塔遣人奏俘獲之人數。太宗始鑄紅夷大礮。命漢軍演火器。復攻大凌河城。時大凌河築兩城。雉堞僅成其半。滿洲兵環圍之。分軍截錦州之援兵。巡撫邱禾嘉及總兵吳襄宋偉等兵四萬來援大凌河。越小凌河而陣。太宗分軍爲二。右翼衝宋偉之營。左翼趨吳襄之營。破之。大凌河城已無援。糧盡殺人馬而食。城民三萬。僅存三分之一。總兵祖大壽以下二十餘名皆降。仍毀大凌河城。是年太宗親統大兵。往征察哈爾。察哈爾退其兵而遠去。六年。太宗再征察哈爾。察哈爾之林丹汗聞之大懼。諭部衆棄土西奔。太宗率兵過興安嶺。次於大兒湖之公古里河。遂趨歸化城。分兵左翼略大同宣化府邊外一帶察哈爾之部民。右翼畧歸化城黃河一帶之部民。七年。遣使朝鮮。定歲貢之額數。每年具金百兩、銀千兩、各色綿綢千匹、麻布千匹、布萬匹、豹皮百張、獺皮四百張、水牛角百副、蘇木二百斤、大紙千帙、小紙二千帙、各色花蓆百條、以獻。是年。孔有德耿仲明等來降。封孔有德爲都元帥。耿仲明爲總兵官。遣季思哈巴海率兵。征朝鮮接壤之虎爾哈部。八年。以瀋陽爲盛京。以赫圖阿喇城爲興京。太宗率諸將征明。至宣化府城之東南駐營。縱略附近地方。又使略山西省各地。此時察哈爾之林丹汗病痘而死。其子及國人皆來歸。又命霸奇蘭等征黑龍江地方。太宗諭之曰。此次道途遙遠。爾等當不倦不怠。又曰。此地人民語音。與我國同。當攜之來。以爲我用。攻略時語之曰。爾我本一國人。我皇上久欲收服。特未暇耳。爾不知載籍。以至於此。爾等當如此諭之云。九年。以察哈爾來歸。各官幷壯丁三千二百餘人。均使隸旗籍。征東海及黑龍江之瓦爾喀部落。是年定國名爲滿洲。太宗諭曰。我國原有滿洲、哈達、吳喇、葉赫、輝發等名。自今以後。不許稱我滿洲之原名。十年。建國號爲大淸。改元曰崇德。分敘諸兄弟子姪之軍功。貝勒代善爲和碩禮親王。貝勒濟爾哈朗爲和碩鄭親王。貝勒多爾袞爲和碩睿親王。貝勒多鐸爲和碩豫親王。貝勒豪格爲和碩肅親王。貝勒岳託爲和碩成親王。貝勒阿濟格爲多羅武英郡王。其餘各有差。

崇德元年。命睿親王多爾袞豫親王多鐸等征明。分兵兩翼。先後啟行。入北京附近之疆邑。俘獲人畜十八萬。虜總兵巢丕昌。是年。太宗率禮親王以下征朝鮮。通朝鮮之王城。朝鮮王遁入南漢城。滿洲兵圍南漢城。擊破朝鮮諸道之援兵。執王子王妃等於江華島。朝鮮王被圍甚困。率大臣至太宗營乞降。獻明國所給之勅印。與明國絕交。以長子爲質。世世永守臣節。且定每年進貢方物之額。如黃金百兩、白銀千兩、水牛角二百對、靑鼠皮二百張、豹皮一百張、鹿皮一百張、胡椒十斗、腰刀二十六把、順刀二十把、蘇木二百斤、大紙千卷、小紙千五百卷、白苧布二百匹、各色綿綢二千匹、各色細麻布四百匹、各色細布一萬匹、布一千四百匹、米一萬包、等是也。三年。太宗率諸貝勒征蒙古之喀爾喀。喀爾喀之查薩克圖汗部。聞滿洲兵至。率兵遠遁。因而命公爵以下梅勒章京以上。各以銀兩赴歸化城貿易。是年命睿親王多爾袞克勒郡王岳託等。自兩路伐明。薊遼總督吳阿衡設備。大兵遂入牆子嶺及青海關。兩翼兵會於通州。至涿州。分八道。一沿山。一沿運河。其山河之間。六道並進。明兵不能抗。滿洲兵自眞定廣平順德大名至山東臨清州。渡運河。破濟南府。執德王。克五十餘城。俘人口四十六萬。得白金百餘萬兩。明年二月凱旋。六年。命睿親王多爾袞肅親王豪格等攻錦州。先是太宗屢發大軍入長城攻明。然不能得寸地。皆因山海關阻之也。而欲取關。則當先取關外四城。此次期必克。太宗怒多爾袞等不急攻。命鄭親王濟爾哈朗代之。築長圍困之。并扼松山杏山等援兵之路。錦州告急。薊遼總督洪承疇巡撫邱民仰等以八總兵之軍十三萬。集於甯遠。洪承疇以兵六萬先進。諸軍繼之。太宗聞之。親統大軍赴援。自山至海。橫塹大路。絕其送餉之道。明軍行糧不繼。先遁。滿洲兵大破之。於是松山之餉援皆絕。七年。松山副將夏承德密送子爲質。且爲內應。滿洲兵入城。虜洪承疇祖大樂等送於盛京。邱民仰曹變蛟王廷臣等戰死。縱祖大樂使還錦州。錦州圍一載。聞松山陷。亦降。旋克塔山及杏山。於是明大震。明帝始決和議。遣使至錦州。以其所賫非國書。不報。明帝再遣使議和。然明廷尙諱和議。其語外泄。明廷之劾奏者多。和議遂絕。復命貝勒阿巴泰等伐明。左翼自界山入邊牆。右翼自鴈門關黃崖口入邊牆。自薊州直抵山東袞州而還。克府三、州十八、縣六十七。俘人民三十六萬九千口。獲牲畜五十五萬。明軍無敢邀遏者。閉城不出。當此之時。明之內地。盜賊蜂起。明帝集兵力於山海關內。專防禦滿洲。不暇顧流寇矣。八年。太宗崩。年五十二。

世祖章皇帝卽位。太宗第九子。年甫六歲。以鄭親王濟爾哈朗睿親王多爾袞二人攝理國政。明年。改元順治。

順治元年。以睿親王多爾袞爲大將軍。率師收山海關外之地。先是明以流寇內逼。盡棄關外四城。召還甯遠總兵吳三桂。使率兵備北京。三桂還至豐潤縣。聞北京已爲賊陷。不敢進。賊已攻灤州。以向山海關。乃回兵急遣使滿洲。乞師討賊。親王多爾袞未至甯遠。得三桂書。卽日進兵。踰甯遠。至山海關。三桂率衆出迎。親王多爾袞使三桂之兵以白布掛肩爲號。以與他漢軍識別。使先行入關奮擊。大敗賊。賊走北京。進吳三桂之爵爲西平王。使山海關內之軍人皆薙髮。附滿洲兵一萬於三桂。使趨北京追殺流賊。北京已陷。明崇禎帝自經。賊李自成據北京。稱帝國號大順。遣人招三桂降。三桂不從。親王多爾袞與三桂率兵。直擣北京。李自成遁走。多爾袞入北京。令各地方軍民。限期薙髮。以帝禮葬崇禎帝。爲服喪三日。北京既底定。親王多爾袞等定議遷都北京。順治帝自盛京啟行。至北京。
卽明崇禎十七年也。

愛新覺羅氏興於建州衛之地。創立滿洲國。基業成於太祖太宗二世。疆域之沿革及事跡。前記載之二世史卽足知其概畧。至順治帝遂代明而帝其國。至今上凡八世。其間事跡。屬於中國本部者不載。茲記載滿洲事跡之沿革如左。

順治元年。遷都北京。撤舊設諸衛。設八旗駐防官兵。以內大臣及副都統統之。以盛京爲留都。置奉天府。轄府州縣。康熙年間改奉天甯古塔等之安班章京。置將軍。又移甯古塔將軍。駐於吉林烏拉。置副都統於甯古塔。又置將軍及副都統於黑龍江。治墨爾根。又置其治於齊齊哈爾。遼河之左右。奉天將軍統之。其東。吉林將軍統之。其北。黑龍江將軍統之。而副都統復分鎭於將軍所轄之地。其餘各城各邊門。分駐城主尉防守尉等員。滿洲全部之廣袤。據大淸通典。東西凡五千一百中里。南北六千八百三十中里。自盛京西至山海關。八百中里。東至海四千三百中里。北至黑龍江外興安嶺俄屬界。五千一百中里。東南至希喀塔山濱海之界。二千九百中里。西南至海。八百中里。東北至費牙喀濱海之界。四千中里。西北至蒙古、土默特、奈曼各部界。六百九十中里。此爲康熙年間滿洲疆域之廣袤。以後州縣雖有廢置。然於滿洲疆域。毫無沿革。晚近來大有關係者。與俄國相接之疆界是也。

滿洲北部。與俄羅斯有交涉事跡者。實始於太宗及世祖順治之世。然於中國歷史記載顯末者甚少。順治十一年。諭俄羅斯國察罕汗書曰。爾國遠處西北。從未一達中華。今爾誠心向化。遣使貢方物。朕實嘉之。特賜禮物。即使爾使人賚去。以明朕柔遠之至意。爾其欽承。永效忠順。世受恩寵。云云。是此時中國尚未知俄國之實情。而與他屬國同視者也。

聖武記云。當明之末季。中國方定黑龍江之索倫、達瑚爾。已抵於使犬使鹿各部及東北海。俄羅斯之東部人。亦越外興安嶺。而侵逼黑龍江北岸之雅克薩、尼布楚二地。樹木城居之。兩師相值。各罷兵。旣而又南向而侵掠布拉特、烏梁海。奪四佐領。太宗之崇德四年。遣兵再定黑龍江。毀其木城而歸。未及戍守也。兵退而俄人復城之。順治十一年。遣兵於黑龍江逐之。又十五年。調朝鮮兵逐之。又遣數大臣以兵餉不繼。半途而返。順治十二年及十七年。俄羅斯兩附書於商人。使至北京。其書絕不及邊界之事。康熙十五年。商人尼古來等至。帝召見之而貽書俄帝。使約束俄人勿寇邊。久之未得覆書。而俄人復東略人畜於赫哲費牙喀。爲我逋逃之淵藪。阻索倫貢貂。將欲割據黑龍江東北數千里之地。帝以其密邇盛京。不可任其滋蔓。重開邊釁。乃於二十一年。遣都統彭春等。以兵獵於黑龍江。徑薄其郛。偵形勢。於墨爾根及齊齊哈爾。各築城戍之。置十驛通水運。又使喀爾喀車臣汗部斷其貿易。且使戍兵刈其田稼以困之。二十四年四月。官兵乘冰解。水陸並進。克其城。縱其人使歸雅庫之舊部。二十五年。俄人復以火器來據城。我師圍攻之。死守不去。時荷蘭之貢使在北京。稱與俄羅斯鄰國。乃付賜書於荷蘭。轉達俄帝。俄帝已卒。新帝嗣立。海道往還迅速。九月復書至。曰中國帝屢賜書。本國不能通解。今知邊人搆釁。卽遣使臣詣邊定界。請先釋雅克薩之圍。明年。俄使自北方陸路至喀爾喀土謝圖汗之境。文移往復。二十八年十二月。始與我國大臣索額圖等會議。乃歸我雅克薩尼布楚二城。定市於喀爾喀東部之庫倫。索額圖與俄國使臣費岳多等。在尼布楚議定和約六條。書滿、漢、拉丁、蒙古、俄羅斯五種文。勒石峙於黑龍江之左岸。其約文如左。

一　將由北流入黑龍江之綽爾納卽烏倫穆河相近格爾必齊河爲界。循此河上流有石大興安嶺以至於海。凡嶺南一帶流入黑龍江之溪河。盡屬我界。其以嶺北一帶之溪河。異屬俄羅斯國界。

一　將流入黑龍江之額爾古納河爲界。河之南岸爲我屬。河之北岸。今爲俄羅斯屬。其南岸之眉勒爾喀河口。所有俄羅斯房舍。遷移北岸。

一　雅克薩之地。俄羅斯所治之城。盡行除毀。所居俄羅斯人民。及諸物用。聽撤往察罕汗之地。

一　兩國獵戶人等。毋許越界。如有小人擅自越界捕獵偷盜者。即行擒拿。送所在官司。準所犯輕重懲處。若十數相聚。持械捕獵。殺人搶掠者。必奏聞。即行正法。雖有一二人犯禁。彼此仍相和好。毋起釁端。

一　從前我國所有俄羅斯之人。及俄羅斯所有我國之人。仍留如舊。不必遣回。嗣後有逃亡者。不許收留。即行送還。

一　和好既定。以後一切行旅。有准令往來文票者。許其貿易不禁。

此條約。當康熙二十八年。即西歷千六百八十九年。俄國彼得第一世之時所議定者。謂之尼布楚條約。是為中國與歐洲諸國結條約之嚆矢。此時索額圖欲以勒那河（自外興安嶺而注於北海）為疆界。俄使費岳多欲以黑龍江為疆界。終以外興安嶺為疆界。於是中國與俄羅斯始為接壤之鄰國。又於黑龍江上流。以格爾必齊河及額爾古納河為兩國之疆界。且開兩國行旅往來之便。至咸豐八年。凡一百六十餘年間。此條約一不更變。自此以後。俄國使臣及希臘教士幷商人等。駐紮北京或往來其間。而爲兩國交通之紹介云。康熙三十三年。俄國使臣義的斯至北京。使希臘教徒駐北京。且請建教堂設教會。帝賜俄使謁見。然未議外蒙古疆界之事。五十一年。居俄屬土爾扈特之使臣來。使之與兵部郎中圖理琛等持節。使經過俄國域內。欲得其國情之要領。往返歷三歲。俄國之傳教師隨圖理琛至北京。是俄國首遣傳教師於中國者也。嗣後傳教師即留居北京。中國政府給以糧食。是時俄國商旅之來北京者。絡繹不絕。其數及千人。又因監督商旅。許置領事於北京。皆自中國政府給以糧食。然不許任意交易。畫一隅以爲界。使居其內。

雍正五年。俄使拉虞仁斯希來。欲議額爾古納河以西外蒙古之疆界。中國政府不許於北京議之。因使俄使還國。遣理藩院尚書圖理善等。於恰克圖定疆界及貿易之條約十一條。謂之恰克圖條約。其第四款云。按照所議。准其兩國通商。旣已通商。其人數仍照原定不得過二百人。每間三年。進京一次。除兩國通商外。有因在兩國交界處所零星貿易者。在色楞額之恰克圖與尼布楚地方云云。又第五款。在京之俄館。嗣後僅止來京之俄人居住。俄使請造廟宇。中國辦理俄事大臣等幫助之。自此時始。兩國文書往復。不用兩國皇帝之名。而以辦事官署之名。（中國用理藩院俄國用薩那特衙門）又俄國傳教師三人及學語學生六人。常居俄使館。皆自政府給以糧食。據俄國史所記。雍正九年。中國政府前後兩遣使臣於俄國。前爲告俄國不可援應準噶爾叛黨者。後爲賀俄帝之卽位也。蓋此時準噶爾動稱俄兵來援云。至乾隆年間。準噶爾之叛黨阿睦爾撒納逃入俄國。又厄魯特部之叛黨舍楞害副都統某。亦逃入俄國。中國政府移文索之不與。帝怒。禁止恰克圖之貿易。乾隆四十四年。再許恰克圖之貿易。五十四年。復閉市。越三年。復許之。此時於恰克圖定約五條。係庫倫大臣與俄吏所議定者。卽恰克圖市約是也。後於咸豐元年。伊犂將軍弈山參贊大臣布彥泰奏定伊犂及塔爾巴哈台通商章程十七條。然於滿洲疆界。不生關係。至議定其疆界。則在咸豐三年也。

咸豐三年。俄政府移文中國政府。謂自黑龍江地格爾必齊河之上流。以下達於海之疆界地。未設立界標。卽屬疆界未定之地。因欲確定之。請中國政府派員商議。是由俄國西伯利亞總督木喇福岳福所獻言於俄帝者。蓋此時俄與英法開戰。因輸送軍隊及糧食兵器於俄屬之疴哥德斯克海及太平洋沿岸。不得不經過黑龍江故也。四年。俄國東西伯利亞總督木喇福岳福。以艦隊順黑龍江而下。守衛其下流沿岸地方。且通知疆界確定之事於中國政府。當其通過愛琿近傍之時。齊齊哈爾副都統欲止之。而俄艦隊已順流而過矣。是年。黑龍江將軍答復疆界議定之事於木喇福岳福。而俄國艦隊。此時已碇泊於黑龍江口之尼古來斯克云。五年。派黑龍江將軍奕山及隨員數名。至黑龍江下流之廟里音斯克。與俄國之木喇福岳福議疆界之事。俄國全權使臣欲以黑龍江及烏蘇里江定爲國疆。黑龍江將軍因尼布楚之條約。其議終不協而去。當道光末年。中國與英法搆兵。既而內地之髮逆蜂起。掠略各地。俄國乘其不暇顧及滿洲。遂於黑龍江右岸。設兵營數處。屯兵守地。又移人民使居其間。滿洲疆域。從此多事矣。至咸豐年間。遂屢與俄國議疆界之約。咸豐六年。俄國參事院。致公文於中國政府。謂因辦理中俄交涉緊要事件。特以海軍少將伯爵普查欽爲全權大臣。使至中國協議。普查欽自黑龍江乘輪船至天津。據尼布楚條約而改定黑龍江之疆界。且請與歐洲諸國議定各件條約。中國政府以與俄國議事。本於恰克圖之例。且天津不許歐洲船舶來往。故拒絕之。八年。俄國移殖其人民於烏蘇里江兩岸。於是中國政府遣黑龍江將軍奕山與俄國東西伯利亞總督木喇福岳福會於璦琿城。議黑龍江及烏蘇里江之國界。定約三條。謂之璦琿條約。其文如左。

一 黑龍江松花江（按此松花江寔混同江也）左岸。由額爾古訥河。至松花江海口。作爲俄羅斯國所屬之地。右岸順江流至烏蘇里河。作爲大淸國所屬之地。由烏蘇里河往彼至海所有之地。此地如同接連兩國交界明定之間地方。作爲兩國共管之地。惟黑龍江松花江烏蘇里河。此後只准中國俄國行船。各外國船隻。不准由此江河行走。黑龍江左岸。由精奇里河以南至豁爾莫勒津屯原住之滿洲人等。照舊准其各在所住屯中。永遠居住。仍著滿洲國大臣官員管理。與俄羅斯人等和好。不得侵犯。

一　兩國所屬之人互相取和。烏蘇里江黑龍江松花江居住兩國所屬之人。令其一同交易。官員等在兩岸。彼此照看兩國貿易之人。

一　俄國結聶喇勒固畢爾那托爾木喇福岳福。中國鎭守黑龍江等處將軍奕山。會同議定之條。永遠遵行勿替等因。俄國結聶喇勒固畢爾那托爾木喇福岳福繕寫俄羅斯字滿洲字。親自畫押。交與中國將軍宗室奕山。並中國將軍奕山繕寫滿洲字蒙古字。親自畫押。交與俄羅斯國結聶喇勒固畢爾那托爾木喇福岳福。照依此文繕寫曉諭兩國交界上人等。

此條約。於咸豐八年四月十六日。黑龍江將軍宗室奕山。與俄國東西伯利亞總督陸軍少將木喇福岳福會議繕結。於滿洲疆界大生變革者也。自康熙二十八年。尼布楚條約以後。俄國與中國雖因貿易及他事。屢換條約。然滿洲疆界。不生變革。有之自此約始。據俄史所記。璦琿條約。僅於五日間議定。考此時中國之國體與政略。當無倉卒了結如此重大事件之事。然俄國不勞一卒。於樽俎折衝之間。得此要地。則其外交之能。亦實有可驚者。結璦琿條約二週間以後。遣內閣大學士桂良吏部尚書花沙納與俄英法美四國全權公使。締約於天津。謂之天津條約。與俄國及歐洲他國結在各港貿易之約自此始。據其第九章所載。中國與俄國將從前未經明定之邊界。各派信任大臣。秉公查勘。務將邊界清理。補入此次和約之內。邊界既定以後。登入地册。繪圖貼說。立定憑證。使兩國永無此疆爾界之爭。此款之外。天津條約十二條之內。無關係兩國疆界之款。此款特爲清理兩國疆界而設者也。然兩國邊界延長。不明定之地極多。當設滿洲東北部之條款。以定之。咸豐十年。中國恭親王在北京與俄國全權大臣伊格那替業福。續增條約十五條。其第一第三第四各條。專關係滿洲者。茲記其各條如左。

第一條　議定詳明一千八百五十八年瑪乙月十六日。卽咸豐八年四月二十一日。在璦琿城所立和約之第一條。遵照是年伊云月初一日。卽五月初三日。在天津地方所立和約之第九條。此後兩國疆界。定爲由什勒喀額爾古訥兩河會處。卽順黑龍江下流。至該江烏蘇里河會處。其北邊地屬俄羅斯國。其南邊地至烏蘇里河口所有地方屬中國。自烏蘇里河口而南上至興凱湖。兩國以烏蘇里及松阿察二河。作爲交界。其二河東之地屬俄羅斯國。二河西屬中國。自松阿察河之源。兩國交界。踰興凱湖。直至白稜河。自白稜河口。順山嶺至瑚布圖河口。再由瑚布圖河口。順琿春河及海中間之嶺。至圖們江口。其東皆屬俄羅斯國。其西皆屬中國。兩國交界與圖們江之會處及該江口。相距不過二十里。且遵天津和約第九條議定繪畫地圖。內以紅色分爲交界之地。上寫俄羅斯國阿巴瓦噶達耶熱皆伊亦喀拉瑪那倭怕拉薩土烏等字頭。以便易於詳閱。其地圖上。必須兩國大臣畫押鈐印爲據。

上所言者。乃空曠之地。遇有中國人住之處及中國人所占漁獵之地。俄國均不得占。仍准中國人照常漁獵。

從立界牌之處。永無更改。並不侵占附近及他處之地。

第三條　嗣後交界遇有含混相疑之處。以上兩條所定之界。作爲解證。其東邊自興凱湖至圖門江中間之地。西邊自沙濱達巴哈至浩罕中間之地。設立界牌之事。應如何定立交界。由兩國派出信任大員。秉公查勘。東界查勘。在烏蘇里河口會齊。於咸豐十一年三月內辦理。西界查勘。在塔爾巴哈台會齊商辦。不必限定日期。所派大員等。遵此約第一第二條。將所指各交界作記繪圖。各書寫俄羅斯字二分。或滿洲字或漢字二分。共四分。所作圖記。該大員等畫押用印後。將俄羅斯字一分。或滿或漢字一分。共二分。送俄羅斯收存。將俄羅斯字一分。或滿或漢字一分。送中國收存。互換此記文地圖。仍會同具文。畫押用印。當爲補續此約之條。

第四條　此約第一條所定交界之處。准許兩國所屬之人隨便交易。並不納稅。各處邊界官員護助商人管理貿易。其璦琿和約第二條之事。此次重復申明。

北京條約。於中俄之間。大生變革。而集合璦琿及天津條約而大成者也。爾時以滿洲最大之地。割讓於俄。當時世人無詳悉其由者。故雖致疑。而無由知其政畧之如何。往年某氏演說其事。今摘記數語。以供參考。某氏曰。北京條約。於西歷千八百六十年卽中國咸豐十年英法同盟軍陷北京之年十一月十四日所結者。俄國全權尼古來伊格那替葉福。中國欽差大臣則恭親王也。其第一條乃黑龍江及烏蘇里地方讓與之事件。當時中國。不惟英法同盟軍攻陷北京。而內地髮逆亦於此時起事。俄國比年頻遣使臣。定界之議。多年未決。據此約。舉黑龍江之北烏蘇里江之東數百里（日本里）之地。爲其屬地。滿洲東岸。悉歸俄有。界接朝鮮。港灣亦甚多。世人於此。頗啟疑竇。或謂贈大礮數百門以易此地。或謂因以兵士助中國斥英法。故得此地。又謂目擊俄兵出入於中國軍中。時論紛紜。莫衷一是。此等臆說之不足信。不待辨矣。然其究因何故而得如此廣大之地。吾人所不能知也。曩者余（某氏自謂）奉使在俄。知交中有曾從伊格那替業福氏成此約者。嘗告余曰。伊格那替業福氏持一千八百五十八年普查欽所結天津條約之批准。翌年四月二十四日互換於北京。當時因英法要擊白河口之事變起。奉命留於北京。視英法政府之政略如何。若有機會。則居中調和之。於是遂不返國。及英法同盟軍入北京。中國帝幸熱河。各大臣亦皆隨駕而往。一不在京。此時同盟軍止其暴舉而求和。但欲與中國大臣會議。而苦無要求之人。於是伊氏遂調和其間。且以曲盡兩國之內情。慨然肩此重任。乃會同盟軍而詢其意見。有論者曰。中國今日之威力。恐不足以治其國。當擇賢以代之。并歷舉數人。以爲可勝此任。伊氏乃面斥其非。謂百年舊交之鄰國。不可任其放棄。與英法諸將協商。竟得其眞意。於是說於恭親王。力勸出會英法諸將。親王恐蹈不測。不敢遽決。伊氏曰。禮部衙門（同盟軍所駐之處）與俄國公使館相距極近。同盟軍若欲禍親王而擾禮部。則其禍必延及俄使館。因是同盟軍決不生其禍。於是親王允與同盟軍相見。議和之局。定於此矣。嗣後中國因俄使調停其間。至變戰爭爲平和。是以厚報之。此讓與土地之約。所以不勞而定也。又曰。讓與之約。卽一千八百五十八年五月二十八日木喇福岳福於愛琿城。舉行畫押。後有議其不合法而拒其舉行之約。非始於此時者也。

Do歷史80　PC0639

滿洲地志

──大日本帝國參謀本部的野望（復刻典藏本）

原　　著／日本參謀本部
主　　編／蔡登山
責任編輯／辛秉學
圖文排版／江怡緻
封面設計／蔡瑋筠

出版策劃／獨立作家
發 行 人／宋政坤
法律顧問／毛國樑　律師
製作發行／秀威資訊科技股份有限公司
地址：114 台北市內湖區瑞光路76巷65號1樓
電話：+886-2-2796-3638　傳真：+886-2-2796-1377
服務信箱：service@showwe.com.tw
展售門市／國家書店【松江門市】
地址：104 台北市中山區松江路209號1樓
電話：+886-2-2518-0207　傳真：+886-2-2518-0778
網路訂購／秀威網路書店：https://store.showwe.tw
國家網路書店：https://www.govbooks.com.tw

出版日期／2016年12月　BOD一版　定價／320元

|獨立|作家|
Independent Author
寫自己的故事，唱自己的歌

滿洲地志：大日本帝國參謀本部的野望（復刻典藏本）/ 日本參謀本部原著；蔡登山主編. -- 一版. -- 臺北市：獨立作家, 2016.12
面；　公分. -- (Do歷史；80)
BOD版
復刻典藏本
ISBN 978-986-93886-1-0(平裝)

1. 方志　2. 滿洲

674.01　　105020374

國家圖書館出版品預行編目

讀者回函卡

感謝您購買本書，為提升服務品質，請填妥以下資料，將讀者回函卡直接寄回或傳真本公司，收到您的寶貴意見後，我們會收藏記錄及檢討，謝謝！如您需要了解本公司最新出版書目、購書優惠或企劃活動，歡迎您上網查詢或下載相關資料：http:// www.showwe.com.tw

您購買的書名：________________________________

出生日期：________年________月________日

學歷：□高中（含）以下　□大專　□研究所（含）以上

職業：□製造業　□金融業　□資訊業　□軍警　□傳播業　□自由業

□服務業　□公務員　□教職　□學生　□家管　□其它_____

購書地點：□網路書店　□實體書店　□書展　□郵購　□贈閱　□其他

您從何得知本書的消息？

□網路書店　□實體書店　□網路搜尋　□電子報　□書訊　□雜誌

□傳播媒體　□親友推薦　□網站推薦　□部落格　□其他__________

您對本書的評價：（請填代號　1.非常滿意　2.滿意　3.尚可　4.再改進）

封面設計____　版面編排____　內容____　文／譯筆____　價格____

讀完書後您覺得：

□很有收穫　□有收穫　□收穫不多　□沒收穫

對我們的建議：________________________________

____

____

____

請貼
郵票

11466
台北市內湖區瑞光路 76 巷 65 號 1 樓
獨立作家讀者服務部 收

（請沿線對折寄回，謝謝！）

姓　　名：__________　年齡：______　性別：□女　□男

郵遞區號：□□□□□

地　　址：__________

聯絡電話：(日)__________ (夜)__________

E-mail：__________